ヨベル新書
053

失われた歴史から

創造からバベルまで

水草修治［著］

YOBEL,Inc.

装丁：ロゴスデザイン：長尾　優

まえがき

私たちは今、二度目の歴史を生きています。神は無から世界と人を創造し、「生めよ。増えよ。地に満ちよ。」（創世記１：28）とお命じになりました。しかし、人は悪魔に誘われ神に背を向けて罪に罪を重ねて、ついに大洪水で滅ぼされてしまいます。これが一度目の歴史でした。大洪水の後、神は人類の再出発にあたって「生めよ。増えよ。地に満ちよ。」（同９：１）と再び命じました。さあ歴史のやり直しだとおっしゃったのです。

事実、創造から大洪水に至る記事と再出発とバベルの塔の記事に注意深く耳を傾けるならば、そこには、神ご自身のこと、神の被造物に対するご配慮、「神のかたち」において造られた人間の尊厳と罪そして希望、結婚と家庭、悪魔の誘惑、文明と神の民の生き方、国家権力の問題など、私たちが今の歴史を生きる上で重要なさまざまの話題が濃縮されています。

そこで、この「失われた歴史」の記された創世記の一章から十一章に現れる諸々の話題を取り上げて、聖書全体の教えを鳥瞰しつつ、現代に生きる私たちに対する主のみこころを探り求めたいと思います。本書は創造からバベルまでの連続説教ではなく、むしろ、創世記一章から十一章をたどりつつ、「神のご計画の全体」（使徒20：27、新改訳第三版）を読み取ろうとする試みです。

こうした構想で最初にお話ししたのは、二〇〇三年、母校東京基督神学校での「キリスト教倫理」という集中講義でした。数年後、少々修正して二〇〇六年神戸神学館でお話ししました。さらに新生宣教団の今は休刊となっている『恵みの雨』誌に二〇〇八年から二〇一〇年に、一般の読者を意識して書き改めて連載させていただきました。そして、二〇一七年、私が仕える苫小牧福音教会の祈り会での聖書の学びのためにさらに加筆修正しました。それが、今回思いがけずヨベルさんの目に留まり、「本にしましょう」ということになりました。

本稿の聖書理解の多くは、一読されればわかるように二千年に及ぶキリスト教会の諸先輩によっていますが、特に創世記二章の釈義は、東京基督神学校三年生のときに出席した日本長老教会玉川上水キリスト教会の祈り会での清水武夫牧師からの影響を受けています。

ここに記して感謝申し上げます。

二〇一九年四月　苫小牧にて

筆者

失われた歴史から――創造からバベルまで

目次

※本文中の聖書引用は特記しないかぎり『聖書 新改訳2017』を使用します。

1 生ける愛の創造主

はじめに神が天と地を創造された。（創世記１・１）

（1） 人間の考え出した神観

一口に「神」といっても世界にはいろいろな宗教があり、多くの宗教があれば、その数だけの神観があるように思われがちです。しかし実際には、神観についてはごくかぎられた種類しかありません。神の数は多数か単数か、その神は世界に対して他者（超越的）なのか、それとも世界の中にある（内在的）のかという指標で分類してみましょう。

第一に多神論とは、まず世界があり、そこに神々が生まれて来たとするものです。典型的には、ギリシャ神話、古事記などの神話の神観です。古事記に登場するイザナミは女神でありながら死んでしまいますし、スサノウは聖域に汚物を撒き散らして姉アマテラスを悲しませるような不埒《ふらち》な神です。ギリシャ神話のゼウスは、妻である女神ヘラの目を盗んで浮気ばかりしている不道徳な神です。能力的にも道徳的にも有限なのが多神教の神々です。ゼウスやアポロンなどは世界に介入する神々ですから世界に対して内在的ですが、エピクロス哲学の神々は世界に無関心で超越的です。預言者イザヤは神々の偶像をあがめる人々について言います。

偶像を造る者はみな、空しい。
彼らが慕うものは何の役にも立たない。
それら自身が彼らの証人だ。
見ることもできず、知ることもできない。
彼らはただ恥を見るだけだ。（イザヤ書44：9）

第二は汎神論《はんしんろん》と呼ばれる哲学的神観です。汎神論はその名のように、「すべては神である」「自然イコール神」という立場です。神は単一で世界に内在しているというのです。あらゆる事物は、神々であれ人間であれ動植物であれ石であれ、すべては「神」の現われであるというのです。「神」は大海であり個物は現れては消える波です。汎神論では自然と神は同時に存在するわけで、自然が存在しないならば神も存在しません。自然が汚染されれば、「神」も汚染されます。大乗仏教、ネオプラトニズム、スピノザたちの思想における神とはこういうものです。現在、世界中で流行しているニューエイジ・ムーブメントの教えも汎神論です。「夏草やつわものどもが夢の跡」と芭蕉が詠むとき、人間の営みは限りがあっても「夏草」に象徴される自然は永遠であるという意識がうかがえます。つまり、自然を神的なものと見ているのです。日本人の世界観には汎神論的気分が漂っています。しかし、人間の目に永遠と見える自然は、実は、終わりの審判の日には跡形もなくなるのです。

また私は、大きな白い御座と、そこに着いておられる方を見た。地と天はその御前から逃げ去り、跡形もなくなった。(黙示録20:11)

第三に理神論(デイズム)では、神は単一で世界に対して超越的です。理神論とは、キリスト教の神観から合理主義者にとって不都合な部分を差し引いた神観です。時計工が時計を作ったが、その後、時計は自分で動いているように、神が世界を創造したが、その後、被造物は自律していて、神は被造物世界に介入はしない、できないというのです。ですから、理神論においては奇跡も啓示もありえません。秩序あるこの世界を見れば創造主の存在は認めざるをえないが、この世界を理性の力でもって支配するのは人間であって、神からも干渉されたくはないという一八世紀ヨーロッパの啓蒙思想の情念が理神論の背景にあります。代表的には英国のチャーベリーのハーバート、フランスの啓蒙主義思想家ヴォルテール、ドイツのカントなどは理神論者です。彼らのいう神は死んでしまった神です。主イエスは、復活を否定していた合理主義者サドカイ人たちにおっしゃいました。

「あなたがたは、聖書も神の力も知らないので、そのために思い違いをしているのではありませんか。」（マルコ12：24）

第四に善悪二元論について説明しておきましょう。この世界を見、自分の内側をのぞいてみると、善と悪とが格闘していることから考えて、善なる神（原理）と悪なる神（原理）が同等の権威をもって存在し格闘しているのだというのが善悪二元論です。古代ギリシャの二元論の世界観では、精神は善であり物質は悪であるとし、物質を造った神は悪しき神であり、精神を造った神は善なる神であるとします。アウグスティヌスが青年時代に迷い込んだマニ教も、このような二元論的宗教でした。

二元論は、一見すると理想と現実に引き裂かれた世界と人の内面の現実をうまく説明しているかのように思えますが、慎重に考えると筋の通らないものです。というのは、もし善の原理と悪の原理が同等であるとすれば、どちらを善としどちらを悪とするかということは任意のことになってしまうからです。ところが、実際に私たちの住む世界と私たちの良心において、何が善であり何が悪であるかということは、決して任意のことではありません。極端な相対主義者は「善悪の絶対的基準などは存在せず、時代や文化によってなんでも善であり、なんでも悪でもありえるのだ」などと宣伝しますが、実際にはそんなことはありません。親孝行が善であるか悪であるかは五分五分ではありませんし、泥棒が善か悪かについても五分五分ではありませんし、人殺しが善であるか悪であるかは五分五分ではありません。親孝行は善であり、略奪は悪であり、人殺しは悪です。戦争という異常事態の中で略奪や殺人が褒められるというような特殊なケースがあるとしても、基本的に略奪や殺人は悪です。この善と悪とが行き交う世界の背後には、ある行為を善としある行為を悪と定めている見えない存在があります。こうした議論をくわしく考えてみたい方は、C・S・ルイスの『キリスト教の精髄』の最初の章の議論を読まれることをお薦めします。

（2） 聖書的な神観

以上三つの神観に対して、聖書的神観とはどういうものでしょうか。

「はじめに神が天と地を創造された。」（創世記1：1）と創世記冒頭にあるように、神が創造なさってはじめて天と地が存在するようになりました。世界が存在するまでは、ただ神のみが存在していたのです。世界が存在しなくても、神は神ご自身だけで存在しうるお方です。主イエスは最後の晩餐の席上、御父にこう祈られました。「父よ、今、あなたご自身が御前でわたしの栄光を現してください。世界が始まる前に一緒に持っていたあの栄光を。」（ヨハネ17：5）また、ヨハネ福音書冒頭には、「初めにことばがあった。ことばは神とともにあった。…中略…すべてのものは、この方によって造られた。」（ヨハネ1：1、3抜粋）と、万物の存在に先駆けて神が存在されたと述べています。真の神は何者にも依存することなく、ご自分で存在しています。これを神の自存性といいます。

神の自存性は、多神教や汎神論の神観にはないことです。多神教の神話では世界がすでにあって、そこに神々が生まれてきたのですし、汎神論においてはすべてが神なのですから、世界が存在しなければ神も存在しません。

また、神は、六日間で創造の最後の冠として人を造り終えると、人間に対して次のように啓示されました。

生めよ。増えよ。地に満ちよ。地を従えよ。（創世記1：28）

超越者である神が被造物の中で奇跡を起こすことは、理神論の神観においてはありえないことです。しかし、真の神はエジプト脱出の時代、王国の危機のエリヤ・エリシャの時代、イエスと使徒の時代には特に多数の奇跡を起こされました。神は通常、世界を治めるために被造物である自然法則を用いていますから、人間は実験や観察によって自然法則を発見し数式化もできます。神の被造物に対する御支配・御配慮を摂理といいます。けれども、神はときに通常の自然支配の法則を停止したり、強化したりして奇跡（特別摂理）を起こします。理神論で奇跡はありえません。

聖書を通して私たちに語りかけてくださる神は、汎神論の非人格の法則ではありませんし、また多神教の不道徳で無力な神々ではありませんし、理神論哲学者の「死んだ神」でもありません。万物を無から創造しかつ支配し、私たちの祈りに答えてくださる、生ける愛の人格神なのです。

2 「われわれ」という神

神が父と子と聖霊の三位一体でいらっしゃるということは、人間が考えついたことではありません。神が聖書においてご自身に関して啓示をお与えになったからこそ、私たちは神が唯一であり、かつ、父と子と聖霊の交わりをもっていらっしゃることがわかります。三位一体は、理解しつくすことはできませんが、よく味わうと、そこには豊かな意味があることがわかってきます。

(1) 聖書における三位一体の教え

「さあ、人をわれわれのかたちにおいて、われわれの似姿に造ろう。」(創世記1:26私訳) 神はこのようにおっしゃって、人間を造りました。不思議なのは、唯一の神がご自分をさして

「われわれ」といわれたことです。唯一の神のうちには複数の人格があるようです。

古代教父ユスティノス（100?~165）は『ユダヤ人トリュフォンとの対話』（62：1―4）の中で、創世記1章26節について、次のように解説しています。「この箇所によってわれわれは、神が数として区別された、理性をもつ何者かに向かって語っているということを確実に知る」。そして、「むしろ、実際父から出、すべての被造物より先に生まれた方が彼とともにいたのであり、その彼に父が語りかけたのだ。それは御言葉がソロモンによって明らかにしたとおりである。つまり、まさに彼こそすべての被造物に先立つ根源であり、父から子として生まれた方であり、ソロモンが知恵と呼ぶ方である」（久米英二訳）と。「ソロモンが知恵と呼ぶ方」については箴言8章を参照してください。また、同じく教父エイレナイオス（130~202）も『使徒たちの使信の説明』55で、創世記1章26節を説明して、「父は不思議な助言者としての子に語りかけているのである」（小林稔・玲子訳）と述べています。

これと対応する新約聖書の箇所は、最後の晩餐席上での主イエスの大祭司の祈りです。「父よ、今、あなたご自身が御前でわたしの栄光を現してください。世界が始まる前に一緒に持っていたあの栄光を。」（ヨハネ17：5）永遠の昔から父と子は御霊における交わりのうちに生きておられます。同じヨハネ福音書冒頭にことばなる神イエスについて「初めにことばがあった。ことばは神とともにあった。ことばは神であった。この方は、初めに神とともにおられた。すべてのものは、この方によって造られた」（ヨハネ1：1−3）とある通りです。とはいえ、旧約において強調されているのは、やはり神の唯一性です。ともすれば多神教に陥ってしまいがちな人間には、まず神の唯一性を知る必要があるからでしょう。新約にいたって、神のうちに三つの位格があることが明白にされます。大宣教命令の「父、子、聖霊の名において彼らにバプテスマを授け」（マタイ28：19）というくだりで、「名」ということばは単数形です。ここに父と子と聖霊がお一人であることが表わされています。

(2) 父と子と聖霊の関係

第一に、神が絶対者であり、かつ愛の神であることと三位一体の関係について考えましょう。神が絶対者であるということは、神が唯一であることを意味します。絶対とは対等なものを絶つという意味であるからです。絶対者を名乗るものが何人もいたら、それらは絶対者ではなく、相対者です。他方、神が愛であるということは、神は交わりの神であるということを意味します。愛というのは、人格と人格の交わりであるからです。ですから神が愛であるということは、唯一の神のうちに人格と人格との交わりがあることを意味します。

中世にサン・ヴィクトール修道院のリチャード（Richard de Saint-Victor, 生年不明 ~1173）は御子が御父から永遠に生れたことについて、祈りのうちに思いめぐらして次のように書き残しています。

「最高善、全く完全な善である神においては、すべての善性が充満し、完全なかたちで存在している。そこで、すべての善性が完全に存在しているところでは、真の最高の愛が欠けていることはありえない。なぜなら、愛以上に優れたものはないからである。しかるに、自己愛を持っている者は、厳密な意味では、愛（caritas）を持っているとは言えない。したがって、『愛情が愛（caritas）になるためには、他者へ向かっていなければならない』。それで位格（persona）が二つ以上存在しなければ、愛は決して存在することができない。」（P・ネメシェギ『父と子と聖霊』204—206頁）

さらに聖霊の発出について次のように言います。

「もしだれかが自分の主要な喜びに他の者もあずかることを喜ばなければ、その人の愛はまだ完全ではない。したがって［ふたりの］愛に第三者が参与することを許さないならば、その人の愛はまだ完全ではない。反対に、参与することを許すのは偉大な完全性のしるしである。もしもそれを許すことが優れたことであれば、それを喜んで受け入れることは一層優れたことである、最もすぐれたことは、その参与者を望んで求めることである。最初に述べたことは偉大なことである。第二に述べたことは一層偉大なことである。第三に述べたことは最も偉大なことである。したがって最高のかたに最も偉大なことを帰そう。最善のかたに最もよいことを帰そう。

ですから、前の考察で明かにしたあの相互に愛し合う者［すなわち、父と子］の完全性が、充満する完全性であるために、相互の愛に参与する者が必要である。このことは、以上と同じ論拠から明かである。事実、完全な善良さが要求することを望まなければ、神の充満する善良さはどこへ行ってしまうであろうか。また、たとえそれを望んでも実現することができなければ、充満する神の全能はどこへ行ってしまうであろうか。」

唯一の神が父と子と聖霊で、そこに愛の交わりがあるということを思いめぐらしてみると、その似姿として創造された私たちの生き方についても考えさせられます。

第二に、父と子と聖霊の区別を学びましょう。父は神性の根源です。キリストは生むお方の「ひとり子」（ヨハネ1：18）として、語るお方の「ことば」（ヨハネ1：1）として、本体であるお方の「写し（像〈かたち〉）」（コロサイ1：15）として、啓示されています。子は、父から永遠に生まれたお方であり、父のことばであり、父の写しです。しかし、それは子が被造物であるという意味ではありません。子も永遠の神です。コロサイ書において「御子は、見えない神のかたちであり、すべての造られたものより先に生まれた方です」（1：15）と、「造られたもの」と「生まれた」が対比されているのは、子は被造物ではなく、神性において父と同一であることを意味しています。人から生まれたものは人ですが、人が作った物は人でないのと同じです。神によって造られたものは被造物ですが、神から生まれたお方は神です。

御霊は単なるエネルギーであると誤解する人がいますが、生ける人格です。人格とは「知性と感情と意志がある統一的継続的意識である」と定義するそうですが、実際、御霊は語り（使徒8：29）、悲しみ（エペソ4：30）、行動するお方です。また、聖書は、聖霊を「神の御霊《みたま》」

とも「キリストの御霊《みたま》」とも呼びます（ローマ8：9）。御霊は父と子から出ており、御霊においてて父と子は結ばれているのです。アウグスティヌス（Aurelius Augustinus, 354~430）は、愛する者・愛される者・両者を結ぶ愛というふうに三位一体を理解して、特に聖霊を愛であるという解釈をしています。

第三に、被造物に対する御業における父・子・聖霊の役割について学びましょう。三位一体の神はすべての御業において協働しておられます。

創造において、「はじめに神が天と地を創造された。地は茫漠として何もなく、闇が大水の面の上にあり、神の霊がその水の面を動いていた。神は仰せられた。『光、あれ。』すると光があった」（創世記1：1—3）とあります。ここに主宰者である父と御霊とことば（御子）が登場しています。

また、救いにおいても、父は受肉を計画して子を派遣し（ガラテヤ4：4）、聖霊が処女マリヤに働いて受肉が実現し（マタイ1：18）、イエスの公生涯の始まりに当たって父の声と、御霊の注ぎがありました（マタイ3：16、17）。子は、御霊によって、父に祈りつつその御旨のままに十字架への道を進まれ、また、父が送ってくださった御霊によって復活したのです

(ローマ8：11)。そして、御霊は子が成し遂げた贖いを私たちに適用してくださいます。このように、三位一体の神は、創造においても救いにおいても、父は主宰、子は実行、聖霊は適用・完遂という役割分担をなさっているようです。

第四に、御霊が新約聖書において父の霊であるだけでなく、「御子《みこ》の御霊《みたま》」(ガラテヤ4：6)つまり、この歴史のなかに来られたイエス・キリストの霊でもあるとされていることは、現代的文脈においてとても重要なポイントです。というのは、「大地の霊」とか「母なる大地」という汎神論的な自然宗教が流行している現代であるからです。J・モルトマンは、創世記1章2節の神の霊が、汎神論における母なる大地の霊とつながりがあるかのような物言いをしています。「この大地は、私たちの共通の環境であり、また、現実的な意味において『私たちの母』です。(シラ書40：1)」(『いのちの泉』46頁。「母の胎を出た日から万物の母なる大地に帰る日まで重い軛がのしかかっている。」聖書協会共同訳。) 聖霊が「(父なる)神の霊」と呼ばれるだけであれば、汎神論との区別があいまいになってしまいますが、新約聖書は「神の御霊」は同時に、「御子の御霊」であることを明らかにしているので、自然宗教における汎神論との区別がされるのです。

第五に、真の神が至れり尽くせりの神でいらっしゃることについてです。人の宗教的本能は神が絶対者であることを望みます。絶対者でなければ、頼るに値しないからです。多神教のように道徳的にも問題があり、能力的にも欠けがある神々では信頼できないでしょう。

しかし、もし神が絶対者であられるだけならば、土から造られたちっぽけな人間にとってはあまりにも遠くて私たちは神を知ることができません。私たちのもう一つの宗教的必要は、神がどのようなお方であるかを具体的歴史的人格において知ることです。しかし、歴史の過去においていかにすばらしい神的ご人格がいたとしても、それが過去の人であり、きょう生ける神からの導きと力が注がれないとすれば、信仰生活は成り立ちません。

人間が工夫したいかなる宗教も、これら「絶対者」「具体的歴史的人格」「今日という日の導きと力」という三つの求めを同時に満たすものではありません。ただ三位一体の神を啓示する聖書の福音のみが、父において神の絶対性を啓示し、御子において人格としての具体性とを啓示し、かつ、聖霊において今日生きる力を与えるものなのです。

神の絶対性について、パウロは「祝福に満ちた唯一の主権者、王の王、主の主、死ぬことがない唯一の方、近づくこともできない光の中に住まわれ、人間がだれ一人見たことがなく、見ることもできない方。この方に誉れと永遠の支配がありますように。」（Ⅰテモテ6：15、16）

と述べています。

神が歴史的具体的人格として来られたことについては、ヨハネが「ことばは人となって、私たちの間に住まわれた。……いまだかつて神を見た者はいない。父のふところにおられるひとり子の神が、神を説き明かされたのである。」（ヨハネ1：14、18）と教えています。

また、神が、今日という日にみことばを照らして導いてくださるお方であることについて、イエスは「わたしが父にお願いすると、父はもう一人の助け主をお与えくださり、その助け主がいつまでも、あなたがたとともにいるようにしてくださいます。」（ヨハネ14：16）と教えています。

（3）三位一体と信仰生活

では、聖三位一体と、私たちの信仰生活とはどのような関わりがあるでしょうか。

第一に、私たちは人間の知性の限界を学びます。三位一体の教理は、神が人間の知性では計り知れないお方であることを教えるからです。私たちは知性の限界を認めて、聖書が啓示するままに父と子と聖霊がそれぞれ完全な神であられ、かつ、神が唯一であることを信仰によって受け入れます。「ああ、神の知恵と知識の富は、なんと深いことでしょう。神のさばきはなんと知り尽くしがたく、神の道はなんと極めがたいことでしょう。」（ローマ11：33）

第二に、神は唯一絶対のお方ですから、私たちの信仰には神の前に責任ある者として独り立つという側面もあると知るべきです。聖なる神の前で、あなたの罪は、あなた自身の責任です。その事実を認めてこそ、イエス・キリストの十字架の贖いの尊さを悟ることができるでしょう。「神である主は、人に呼びかけ、彼に言われた。『あなたはどこにいるのか。』」（創世記3：9）

第三に、神は三つの人格の交わりですから、神のかたちにおいて造られた私たちの信仰も孤立したものではなく、隣人愛において具体化されるものであることを学びます。神を愛するといいながら、身近な兄弟姉妹を愛していないなら、その愛は空しいものです。

「もし私たちが、神と交わりがあると言いながら、闇の中を歩んでいるなら、私たちは偽りを言っているのであり、真理を行っていません。もし私たちが、神が光の中におられるように、光の中を歩んでいるなら、互いに交わりを持ち、御子イエスの血がすべての罪から私たちをきよめてくださいます。」（Ⅰヨハネ1：6、7）

第四は信仰生活の呼吸である祈りです。そもそも私たちが祈るとき、三位一体的に祈っています。御霊が私たちのうちに語りかけて祈りたいという願いを引き起こし、私たちは父なる神に向かって、御子の御名によって祈りをささげます。私たちの信仰生活は、三位一体的なものなのです。「あらゆる祈りと願いによって、どんなときにも御霊によって祈りなさい。そのために、目を覚ましていて、すべての聖徒のために、忍耐の限りを尽くして祈りなさい。」（エペソ6：18）

第五に、神が三位一体であられることは、教会が多様であり、かつ一つであるべきことの根拠です。「さて、賜物はいろいろありますが、与える方は同じ御霊です。奉仕はいろいろありますが、仕える相手は同じ主です。働きはいろいろありますが、同じ神がすべての人の中で、すべての働きをなさいます。皆の益となるために、一人ひとりに御霊の現れが与えられているのです。」（Ⅰコリント12：4―7）「御霊・主（イエス）・（父なる）神」の三位一体が、第一コリント書12章に展開される多様にして一つの教会論の土台となっています。

3　時と人生

エッサイの根株から新芽が生え、
その根から若枝が出て実を結ぶ。
その上に主の霊がとどまる。
……
狼は子羊とともに宿り、
豹は子やぎとともに伏し、
子牛、若獅子、肥えた家畜がともにいて、
小さな子どもがこれを追って行く。
雌牛と熊は草をはみ、
その子たちはともに伏し、

獅子も牛のように藁を食う。
乳飲み子はコブラの穴の上で戯れ、
乳離れした子は、まむしの巣に手を伸ばす。
わたしの聖なる山のどこにおいても、
これらは害を加えず、滅ぼさない。
主を知ることが、
海をおおう水のように地に満ちるからである。（イザヤ書11：1―9）

私たちは「狼は子羊とともに宿り……」というあの完成の日をめざす、神の歴史の展開のなかで、いかに生きてゆくかについて考えましょう。

（1） 多にして一の世界

私たちが住んでいる地球は、一日二十四時間で自転しています。もしそうでなければ、回し忘れた豚の丸焼きが片面黒焦げ、片面ナマというふうに、地球は片面は灼熱地獄、もう片面は暗黒の寒冷地獄です。

さらに神は地軸を傾けて、生物たちが生活できる面積を広くしてくださいました。もし地軸が傾いていなければ四季の訪れはなくなり、北海道あたりまで寒帯になり、本州も大半冷帯になってしまいます。また、水は高い所から低い所へと流れていきますが、海水は太陽熱を受けて水蒸気となって上空で雲を形成し、大気の循環によって内陸部に運ばれてまた雨を降らせます。雨で大地がうるおうと植物はすくすく育ち、動物に食糧を提供します。ですが、植物も動物に助けてもらっています。植物は花を咲かせて虫たちに蜜を提供し、虫たちは花を受粉させ植物の結実を助けています。鳥たちは実を食べると、遠くへその種を糞という肥料をつけて落とします。神の作品をつぶさに見れば見るほど、その知恵に鳥肌が立つほどの驚異と畏怖を感じます。

神は、これほど多様な被造物を、なんと見事な一つの調和のうちに造られたことでしょう！　この一つでありながら多様であり、多様でありながら一つである世界には、三でありながら一であられる神の影が落ちているということができるでしょう。

(2)「時」のラセン構造

この多にして一の被造世界は、神の配剤のもとで治められています。

自然宗教になじんだ古代ギリシャ人は時を円環としてとらえたと言われます。春夏秋冬の営みや、生まれ成長し子孫を残して死んでいく生の営みや、月の満ち欠けを見ていると、時はただ繰り返しに見えたからでしょう。もしそうなら歴史というものは成立しません。今あることは、かつてもあったことであり、未来にもまたあることであって、なにも特別なことではないからです。ですから、ギリシャ文化には歴史意識がありませんでした。

ところが聖書によれば、「初めに、神が天と地を創造した。」とあり、キリストによる最後の審判があります。時には始まりと終わりがあるのです。時は創造から審判に向かって突き進む矢です。今年は、歴史の中にたった一度しかやって来ないし、今日という日は、ただ一度きりです。ですから今年は特別な意味ある年であり、今日は特別な意義深い日です。ここに歴史が成立します。

ところで、創世記1章は「時」のもう一面をも語っています。「神は二つの大きな光る物を造られた。大きいほうの光る物には昼を治めさせ、小さいほうの光る物には夜を治めさせた。また星も造られた。」（創世記1：16）地球が一回りして一日、七回りして一週間、地球が太陽のまわりを一回りして一年が経ちます。月は三十日で満月と新月を繰り返しています。神は地球の自転と公転、月の満ち欠けを時計とされました。天体の空間における円運動が、時の構造をなしているということはたいへん興味深いことです。「時」には確かに、このように円環的な側面があります。古代ギリシャ人たちは、この「時」の一面をとらえたのでした。

というわけで、聖書によれば「時」には始まりと終わりがある線分的な側面と同時に、円環的な側面があります。「時」は繰り返しつつ、目的に向かって前進していく幾重もの螺旋構造をしているのです。レビ記25章の暦の記述にも時の螺旋構造が記されています。一年を七度繰り返して七年目は安息の年。安息の年を七度繰り返して、その翌年五十年目はヨベルの年で、ここで振り出しに戻ります。「時」には、今年は一回きりだという面と、繰り返しという面との両方があるのです。

(3)「時」と私たちの人生

a　緊張感と慰め

「時」はその始まりから終わりに向かってまっしぐらに進んでいきます。長い歴史の中で今年という年は一回しかないし、今週は一回きりだし、今日は一回きりです。だから、私たちは新鮮な緊張感をもって新しい年に、新しい週に、今日という日に臨まねばなりません。

それにもかかわらず、夜、床について「今日もだめだったなあ」と落胆することがあります。しかし神はもう一度新しい朝をくださって「さあ。やり直すがいい。」と励ましてくださいます。週の初めの日に、また、年始に私たちは同じように、神から「さあもう一度チャレンジせよ」と励ましをいただくことができます。確かに、昨日と今日は違い、先週と今週は違い、去年と今年は違いますが、でも再スタートを許してくださるのです。過りやすい私たちにとって、これは慰めではないでしょうか。

b　不易流行《ふえきりゅうこう》と伝道

芭蕉は、すぐれた俳句は「不易流行」なるものだと言いました。「易」とは「変わる」ことを意味します。「不易」とは「変わらない」ことです。昔、文房具屋さんで売っていた「フエキ糊」というのは、米糊に防腐剤を配合して変質しないようにした糊でした。「不易」とは変わらざる伝統を意味します。他方、「流行」とは時代によって変わること、斬新さです。

「不易流行」とは伝統と刷新です。言い換えると、「不易」とは一なる原理であり、「流行」は多なる原理です。伝統と流行とが切り結んだところに散る火花、そこにすぐれた俳句が生まれます。俳句にかぎらず、定番料理に一工夫加えたり、服装も伝統的なものに一つ新しいものを加えるとおしゃれになったりする。これは不易流行です。

伝道の実践でも、不易流行の原理はたいせつです。コンテクスチュアライゼーション（文化脈化）と称して、時代と文化に合わせて福音の内容を変えてはいけません。「神に対する悔い改めと主イエスに対する信仰」（使徒20：21）という福音は不易です。時代と文化に柔軟に適合させるべきなのは、福音を伝える方法です。私たちは不可変の十字架のことばを、時代と文化に合った可変的な方法を工夫して伝えていくのです。

伝道とは、特別恩恵を共通恩恵の器に入れて運ぶことです。特別恩恵とはクリスチャンだけが神からいただいている恵み、つまり、永遠のいのちであって、共通恩恵とはクリスチャン、ノンクリスチャン共通していただいている恵みです。私たちは、共通恩恵というところでノンクリスチャンの人々とつながりをもっていますから、何か共通恩恵のところでコンタクトをつくって特別恩恵を伝えるのです。たとえば食事というのは共通恩恵なので、クリスチャンもノンクリスチャンもともに受けることができるものです。そして、メンズ・サパーやレディースランチョンで、イエス・キリストにある罪のゆるし、永遠のいのちの福音という特別恩恵を伝えます。

罪の赦し、永遠のいのちは不易つまり不可変です。しかし、共通恩恵は相手のもっている文化や流行に応じて工夫するのです。使徒パウロは次のように言いました。

私はだれに対しても自由ですが、より多くの人を獲得するために、すべての人の奴隷になりました。ユダヤ人にはユダヤ人のようになりました。ユダヤ人を獲得するためです。律法の下にある人たちには――私自身は律法の下にはいませんが――律法の下にある者のようになりました。律法の下にある人たちを獲得するためです。律法を持たない人たちには――私自身は神の律法を持たない者ではなく、キリストの律法を守る者ですが――律法を持たない者のようになりました。律法を持たない人たちを獲得するためです。弱い人たちには、弱い者になりました。弱い人たちを獲得するためです。すべての人に、すべてのものとなりました。何とかして、何人かでも救うためです。

（Iコリント9章19―22節）

パウロは福音を伝える相手がユダヤ人であれば、ユダヤ人の文化・習慣に抵抗がないように自分の生活をあわせて、福音を伝えました。それはもともとユダヤ人であるパウロにとってはそれほど困難でなかったと思います。けれども、パウロは相手が異邦人である場合には、異邦人の文化・生活習慣に応じて自分の生活習慣を合わせたのです。これは結構たいへんだったと思います。ユダヤ人は豚肉やウナギなど食べませんから、異邦人とまず友だちになり一緒に食事をするということになると、その壁を乗り越えていくことは生理的にたいへんだったでしょうが、パウロはそれを乗り越えて行きました。一人でも多くの人々を救うためです。

ある牧師の話をうかがいました。先生は子どもにお菓子をやっても教会に来なかったので、ピアノを無料で教えてあげるようになりました。レッスンを待っているひまな子供たちが宿題をしていたので、教会のメンバーで学校教員だった兄弟姉妹が手伝わせてくださいといって子供たちに勉強を教えるようになりました。スポーツ、お習字、お花、指圧、料理など何でもいいのです。私たちは何か共通恩恵を手掛かりとして、人々を教会とキリストへとお招きする工夫をしていきたいものです。

4　神のかたちと三重職

(1)　人は御子のかたちにおいて造られた

a　人の尊厳の根拠

人間とは何でしょうか。古代の哲学者は「人間とは理性的動物である」あるいは「社会的動物である」と言い、近代の進化論者は、「進化の頂点に立つ高等動物だ」と言いました。今後、もし遺伝子をコントロールして子どもを作るような時代になってしまうと、多くの人は「人は遺伝子情報の束だ」と考えるようになるかもしれません。

自分が何者であるかという認識はとても大切なことです。もし自分はロボットだと思っているならば、その人はロボットのような生き方をするでしょうし、他人のこともロボットのように扱うでしょう。自分はサルの一種にすぎないと思っている人はサルのような生き方をするでしょうし、他人のこともサル扱いするでしょう。今後、人間を遺伝子の束だと考える人は、人間をどんな存在とすることになるでしょう。では創世記は、人間とは何であると私たちに教えているでしょうか。

「神は仰せられた。『さあ、人をわれわれのかたちにおいて、われわれの似姿に造ろう。こうして彼らが、海の魚、空の鳥、家畜、地のすべてのもの、地の上を這うすべてのものを支配するようにしよう。』神は人をご自身のかたちにおいて創造された。神のかたちにおいて人を創造し、男と女に彼らを創造された。」

（創世記1章26、27節、新改訳2017を私見により一部改変）

何とすばらしいことでしょう。人間とは「神のかたち」において造られた存在なのです（コロサイ1：15参照）。ここにこそ、人間の尊厳の根拠があります。人間が堕落したのちも、この人間の尊厳の根拠は変わりません。「人間の悲惨は王座から転落した王の悲惨である」とパスカル（Blaise Pascal, 1623~1662）は言いました。腐っても鯛です。大洪水の後に、神様はノアにおっしゃいました。

「人の血を流す者は、人によって血を流される。
神は人を神のかたちにおいて造ったからである。」
（創世記９：６、新改訳２０１７を私見により一部改変）

「私たちは、舌で、主であり父である方をほめたたえ、同じ舌で、神の似姿に造られた人間を呪います。同じ口から賛美と呪いが出て来るのです。私の兄弟たち、そのようなことが、あってはなりません。」（ヤコブ３：９、10）

現代の物質主義的な価値観の下では、人間の尊厳の根拠が見失われてしまっています。ただ、聖書のみが私たち人間の尊厳の根拠を明らかにし、私たちが自分自身と隣人を大切にすべき根拠を示しています。

b　「神のかたち」とは御子である

ところで、神は新約の時代になって、人間創造のモデルである「神のかたち」とは御子キリストのことであることを明らかにされました。「御子は、見えない神のかたちであり、すべての造られたものより先に生まれた方です」（コロサイ1：15）。そして、御子は御父と瓜二つですから、御子に似ているということは、御父に似ていることでもあります。

「ですから、あなたがたの天の父が完全であるように、完全でありなさい。」（マタイ5：48）

人はもともと三位一体の神の第二人格である御子に似た者として造られたのです。だからこそ、人が堕落したとき、御子はご自分に本来似た者として造られた人を救うために、自ら人となってくださったのでした。そして、御子イエスを信じる私たちは、ひとたびアダムにあって失ってしまった御子のかたちを回復し、その完成を目指して生きていくようにと召されて御霊を与えられているのです。

御霊は、御子の御霊でもあり、神の御霊でもあられますから、御霊をいただいた人は徐々に御子と御父に似た者とされてゆきます。これが聖化と呼ばれることです。それは、御霊の実である「愛、喜び、平安、寛容、親切、善意、誠実、柔和、自制」（ガラテヤ5：22、23）という品性になっていくことでもあるわけです。

「私たちはみな、覆いを取り除かれた顔に、鏡のように主の栄光を映しつつ、栄光から栄光へと、主と同じかたちに姿を変えられていきます。これはまさに、御霊なる主の働きによ

るのです。」（Ⅱコリント3：18）

以上のようなわけで、聖化とは本来、父に瓜二つの御子に似た者として造られた私たち人間を、御子が聖霊によってご自身と父とに似たものとしていく継続的なわざなのです。

（2） 交わる者

ところで、神はここで「さあ、人をわれわれのかたちにおいて、われわれの似姿《にすがた》に造ろう」（創世記1：26、私訳）とおっしゃいました。ある聖書学者たちは、これは多神教の資料が紛れ込んだのだとか、神が御使いに呼びかけたのだとか言います。また、それほど用例は多くないのですが、「尊厳を表す複数表現」だという理解をする人々もいます。たしかに神は唯一であると確信していた創世記の記者がなぜ「われわれのかたちにおいて」と書いたのか、とても不思議です。しかし、この後に長い時間をかけて啓示されていく箴言8章の「知恵」、新約聖書、特にヨハネ文書やパウロ文書によって、この「われわれ」は三位一体の神の交わりを指していることが明らかにされてきました。「われわれ」という記述については創世記の記者の理解さえも超えて、創世記記者を導かれた御霊のお働きがあったわけです。

箴言8章、新約聖書を見るならば、この「われわれ」というのは、御父と御子の交わりを示していると読むのが、ごく自然です。

「初めにことばがあった。ことばは神とともにあった。ことばは神であった。この方は、初めに神とともにおられた。すべてのものは、この方によって造られた。造られたもので、この方によらずにできたものは一つもなかった。」（ヨハネ1：1—3）

「父よ、今、あなたご自身が御前でわたしの栄光を現してください。世界が始まる前に一緒に持っていたあの栄光を。」（ヨハネ17：5）

「御子は、見えない神のかたちであり、すべての造られたものより先に生まれた方です。なぜなら、天と地にあるすべてのものは、見えるものも見えないものも、王座であれ主権であれ、支配であれ権威であれ、御子にあって造られたからです。万物は御子によって造られ、御子のために造られました。」（コロサイ1：15、16）

聖書の霊感において、聖書記者たちは自動タイプライターのように機械的なものではなく、その記者の知性と感情と意志が用いられたことは、聖書各書の書かれようを見ればあきらかなことです。わけもわからず書いたわけではありません。そういう霊感のありかたをふつう十全霊感説（Plenary Inspiration）と呼びます。しかし、それだけでは聖書の啓示を全面的に把握できるわけではありません。聖書啓示は、神の御霊の導きによって長年にわたってさまざまな記者が用いられて徐々に光を増してきたわけですから、前の記者が必ずしもよくわからないで書いた部分が、後の記者たちの記事によって明らかにされていくという現象があります。創世記の記者が最初の読者にあてて伝えようと意図した以上の内容を、実は含んでいる場合があるのだということです。

聖書釈義というのは、まずは聖書の各書の記者が最初の読者に伝えようと意図したことをつかむことを目的としています。しかし、もしそこで留まって満足してしまったら、行き着くべきところまでは到達していません。聖霊の意図にまで到達してこそ、十分な聖書釈義です。

古代教父たちは、そのことをわきまえていましたから、先に三位一体を学んだときのように、創世記1章26、27節における「われわれ」というのが、三位一体を示唆していると指摘しています。

また、三位一体の神が似姿として人間を創造されたのですから、人は神と人との人格的交流のうちに生きるものです。父と子が聖霊にあって愛の交わりを持っていらっしゃるように、人間もまた人格的な交流をする存在です。イエスは、すべての律法を二つに要約して人間存在の目的を教えてくださいました。「あなたは心を尽くし、いのちを尽くし、知性を尽くし、力を尽くして、あなたの神、主を愛しなさい」。「あなたの隣人を自分自身のように愛しなさい」（ルカ10：27）。人の目的は、全身全霊をもって神を愛し、隣人を自分と同じように愛することなのです。

どんな物でも正しくその目的に従って使用していればめったに故障しませんが、目的を外して誤用すると壊れてしまうものです。もし人間が他人を憎むために造られていれば、憎めば憎むほど体調が良くなるでしょう。けれども実際は逆で、人のことを憎んでいると、その人は心もからだも病んできます。人間はやはり愛するために造られているのであって、憎むために造られているのではないのです。ですから、私たちは神を愛し隣人を愛するという至高の目的のために、生活のすべてのことをすべきです。

（3） キリストと私たちにおける、知・義・聖と三重職

a 知・義・聖

もともと「神のかたち」である御子に似た者として造られた私たち人間の任務を知るために、神がキリストにあって救われた人を再創造してくださるという、新約聖書の約束を見てみましょう。「また、あなたがたが霊と心において新しくされ続け、真理に基づく義と聖をもって、神にかたどり造られた新しい人を着ることでした」（エペソ4：23〜24）。「新しい人を着たのです。新しい人は、それを造られた方のかたちにしたがって新しくされ続け、真の知識に至ります」（コロサイ3：10）とあります。「造り主のかたち」とはすなわち御子イエスのことです。

これら新約聖書における再生と聖化に関するみことばから逆算して、改革派神学では伝統的に「神のかたち」の内容を「知と義と聖」という三つの側面でとらえてきました。言い換えると、知性と道徳性と宗教性において、人は神のかたちに造られているということです。

人は知性という点でたしかに他の被造物と比べて特徴があるものです。人のことを学名のラテン語で「ホモ・サピエンス」、つまり「知恵ある人」と呼ぶのは根拠のあることです。いかにチンパンジーやイルカの知能が優れているといっても、人間の比ではありません。

また人間は道徳性において特徴があります。道徳性というのは、責任を問われ得る自由な存在であるということを意味します。エンジンのトラブルで自動車事故が起きても、自動車は責任を問われません。自動車には自由がないからです。責任を問われるのは整備士や設計者という人間です。人は自由があるから責任を問われる道徳的存在なのです。

また、宗教性とは、人間は聖なるものを意識せざるをえない存在であるということです。カルヴァン（Jean Calvin, 1509~1564）はこれを宗教の種《たね》と呼びました。かつて無神論国家を標榜したソ連のような国では、「宗教はアヘンだ」として無神論教育が国民に施されましたが、人間から宗教を奪い取ることはできませんでした。皮肉なことにモスクワの赤の広場にはレーニン廟が設けられて、レーニンの亡きがらを崇拝する人たちが絶えませんでした。宗教性は人間の本性の一部なので、消しようがないのです。

b　三重職

この知と義と聖は、キリストと教会の三つの職務と対応しています。知は預言職に、義は王職に、聖は祭司職に対応しています。これら三つは切り離せないものなので、三重職といったほうがよいようです。キリストは、この三つの職務をへりくだった低い状態と、復活して昇天し御国に着座された高い状態とで果たされます。キリストの二状態については、ピリピ2章6–11節を参照してください。

キリストは神を知り神を知らせるという預言職を果たされました。低い状態としては、受肉して「いまだかつて神を見た者はいない。父のふところにおられるひとり子の神が、神を説き明かされたのである」（ヨハネ1：18）とあるように、神を教えてくださいました。私たちはキリストによって、神と神のみこころを知ることができます。また高い状態としては、キリストは復活し昇天し着座され、聖霊を教会に送ってみことばを啓示し、かつ、これを理解するための導きを与えて、預言者の務めを果たされます。

キリストは敵であるサタンと戦って民を守り、民を統治する義なる王です。低い状態において、十字架の直前、イエスはいばらの冠、派手な衣、王笏《しゃく》の代わりに葦の棒と、王のいでたちをさせられ、「ユダヤ人の王様万歳！」と辱《はずかし》められました。罪状書きには「ユダヤ人の王」とありました。イエスは義なる王として、身を捨てて十字架の死によってサタンと戦い、私たちを敵の手から救出されたのです。
高い状態としては、復活し、父なる神の右の座に着いたキリストは、王として世界と教会を統治しています。「(父なる神はキリストを) すべての支配、権威、権力、主権の上に、また、今の世だけでなく、次に来る世においても、となえられるすべての名の上に置かれました。また、神はすべてのものをキリストの足の下に従わせ、キリストを、すべてのものの上に立つかしらとして教会に与えられました。」(エペソ1：21～22)
またキリストは聖なる祭司として、低い状態においてご自身を十字架の上でいけにえとして神にささげて、また今は私たちのためにとりなしていてくださいます。「ご自分の血によって、ただ一度だけ聖所に入り、永遠の贖いを成し遂げられました」(ヘブル9：12)。そして、高い状態としては、復活、昇天し父なる神の右に着座なさって、「イエスは、いつも生きていて、彼らのためにとりなしをしておられるので、ご自分によって神に近づく人々を完全に救うことがおできになります」(ヘブル7：25)。
それで、キリストの体である教会とキリスト者は、真の知識を伝える預言者・義なる王・聖なる祭司という三つの職務を果たす任務が与えられています。

「しかし、あなたがたは選ばれた種族、王である祭司、聖なる国民、神のものとされた民です。それは、あなたがたを闇の中から、ご自分の驚くべき光の中に召してくださった方の栄誉を、あなたがたが告げ知らせるためです」(Ⅰペテロ2:9)。

教会における預言職とはみことばの宣教であり、王職とは教会を神のみことばに従って正しく治めることであり、祭司職とは教会で聖礼典を正しく執行し、とりなし祈ることです。また、クリスチャンである私たちは預言者として世に神のみこころを宣べ伝え、王としてこの世界に神のみこころが行われるように行動し、祭司としてこの世のためにとりなし祈り奉仕する責任があります。神は私たちがこれら三つの職務を教会と世界で果たすように命じていらっしゃいます。それは神を愛し、隣人を愛するという大目的を果たすためです。

ハイデルベルク信仰問答

問31 なぜ主はキリストつまり油注がれた者と呼ばれるのですか。

答 主は、父なる神様から任命され、聖霊によって油を注がれた、わたしたちの最上の預言者であり、また教師であるからです。主は、わたしたちに、わたしたちの救いについての、神様の隠されたみこころとご意志を完全に明らかにされるのです。また、主は、私たちの唯一の大祭司です。そのお身体を、ただ一回限りの犠牲として、わたしたちを救って下さいました。いつも、主のとりなしによって、父の前にわたしたちの代わりに立たれるのです。また、主は、わたしたちの永遠の王です。主は、その言葉と霊とによって、わたしたちを支配され、成し遂げてくださった救いによって、守り、保ってくださるのです。（楠原博行訳）

問32 それでは、なぜあなたは、キリスト者と呼ばれるのですか。

答 なぜなら、わたしは信仰によってキリストの手足のひとつとなるからです。そうなることによりわたしは主に注がれた油の分け前にあずかります。それによって、わたしもまた、（預言者として）主のみ名を告白して、（祭司として）わたし自身を、主に、生きている感謝の献げ物として献げるのです。そして（王として）この世では自由な良心をもって罪と悪魔とにたいして戦い、将来においては永遠に主と共にすべての被造物を支配するのです。（楠原博行訳、括弧内は筆者による）

5　二つの創造記事

(1) 環境破壊の歴史とその元凶は？

「キリスト教文明は環境破壊をしてきた。キリスト教は、人間に自然界を支配する権利があると教えているからである。それに引き換え、自然宗教は人間は自然の一部であると教え、自然に対する畏敬を教える。環境問題の深刻な今日、自然宗教に学ぶべきである。」

この手の主張を知識人がテレビや新聞で語るのを聞いて、居心地の悪い思いをしたクリスチャンが多いのではないでしょうか。リン・ホワイト（Lynn White Jr. 1907~1987）が一九六七年に発表した「現在の生態学的危機の歴史的根源」という論文を発表してから、ほとんど検証されることなく多くの人々がこの仮説を引用してきました。同様の主張がしばしばされるので、ほとんど常識のようになっている観がなくもありません。しかし、この「常識」は事実なのでしょうか。

素朴な問いを、読者にしてみたいのですが、あなたが仏教徒だったときは、ハイキングに行って山にゴミを捨てなかったけれど、クリスチャンになってからゴミを平気で捨てるようになったでしょうか？　神社参拝をしていた頃は高山植物を踏みつけなかったけれど、クリスチャンになってから平気で踏みつけるようになったでしょうか？　むしろ、逆ではないでしょうか。神様がくださった自然界ですから、たいせつにしようと考えるようになったのではありませんか。

キリスト教が環境破壊の元凶であり自然宗教は環境を保全するというリン・ホワイト以来の主張は、歴史の事実に即した主張ではないことが、今日では研究者たちの間で認められてきています。史上最初の環境破壊はもろもろの神々を崇めていた古代メソポタミアで起こっています。メソポタミアは、かつては豊かな森でしたが、放牧地や農地を求めて森が切り開かれ、その結果、森林の蒸散作用がなくなったので雨雲ができず、雨が降らなくなりました。そこで、チグリス、ユーフラテス川から水を引いて灌漑《かんがい》をしました。ところが、川の水には岩塩が溶け込んでいるため、やがて農地は塩害で草も生えない荒地となってしまったそうです。大規模な灌漑農法が農地に塩害をもたらすことは、今現在、アメリカ、オーストラリアが経験しつつあることです。農業には雨水が理想的なのです。

それはさておき、儒教や道教や仏教の国、中国でも北方の騎馬民族を防ぐために万里の長城を築く際、膨大な量のレンガを造るために広大な森が消失しました。その跡がゴビ砂漠だというのです。

西欧での森林破壊を話題にする人は、森林に住むケルト人やゲルマン人を改宗させようとしたキリスト教の宣教師が彼らのあがめる巨木を切り倒した例をあげます。彼らが巨木を神と恐れて動物や子どもをいけにえにささげていたので、そういう迷信から解放するためのパフォーマンスでした。しかし、これは森林破壊というレベルのことではありません。

実際に、西欧で森林破壊が起こったのは12世紀の農業革命のときでした。当時は温暖化と、耕作具の工夫や三圃制《さんぽせい》といった工夫で農地が急速に拡大しました。鬱蒼《うっそう》とした森に覆われていたヨーロッパは、今日見るように緩やかな丘陵に畑がひろがり、ところどころに林が見える風景に変わりました。西欧での次の環境破壊は16、17世紀専制君主たちの建艦競争《けんかんきょうそう》（二国あるいは多国間における軍拡競争の一形態で、軍艦を中心とした海軍力整備を互いに競い合う状況を示す言葉。）によります。一つ軍艦を造ると一つ森が消えたといいます。軍艦は植民地争奪戦の道具でした。そして18世紀の産業革命以後は世界中で環境破壊がひろがりました。

環境破壊は宗教を問わず、経済第一主義によって行なわれて来たのです。度を越した欲望、つまり第十戒「むさぼりの罪」こそ環境破壊の元凶なのですからキリスト教徒も他宗教の信徒も環境破壊に無頓着であったという責任はあったのです。

(2) 一つ目の創造記事にこめられた神の意図

創世記には、1章1節～2章3節までと、2章4節～25節までの、趣旨《しゅし》の異なる二つの創造記事があります。二つの創造記事は別の資料に基づいているとか、両者には矛盾があるという議論を展開することは、「聖書はすべて神の霊感によるものである」と信じる私たちにとっては、ほとんど無意味です。むしろ肝心なのは、神が何を意図されて、記者にこの二種類の創造記事を載せさせたのかと問うことです。

創世記記者モーセが執筆当時想定した直接の読者はだれでしょうか。イスラエルの民です。彼らの生きた時代、オリエントでは自然界のありとあらゆるものが神々として礼拝されていました。太陽、月、星も、大河ナイルも、大木も、空を飛ぶ鳥も、地に群れる野獣たちも、地を這《は》うフンコロガシという昆虫までも神々として礼拝されていました。そういう世界に住む読者に対して、創世記第一章の記事は二つのメッセージを明確に語っています。

第一は、これらの自然界のもろもろのものたちは、すべて創造主の作品であるから、それなりの価値があるが、神々ではない。創造主のみを礼拝せよということ。

第二は、人間は創造主のかたちにしたがって造られた者であるから、被造物に支配されているかのように被造物崇拝といった愚かしいことをしてはならない。むしろ、神の作品であるこれら被造物を正しく治めなさいということです。

実際、今日でも、環境問題に取り組んでいる人々の多くが自然宗教に陥っています。「地球は母なる神ガイアです。母なる神を苦しめてはいけません」といって、世界中でまじないをしているニューエイジャーたちがいます。ちなみにガイアとはギリシャ神話の大地母神の名です。

たしかに、人間は被造物であるという点で、他の自然界のものたちと同じですが、同時に、人間は神のかたちにしたがって造られているという点において、他の自然界のものたちと区別され、それらの上に立てられているのです。石や大木や動物や太陽などにひれ伏してはなりません。それはサタンの罠です。

（3）　二つ目の創造記事

創世記第二章の創造記事は、神の息を吹き込まれ神のかたちにしたがって造られた私たち人間が、どのように神に託された被造物世界を治めるべきなのかということが、もう少し具体的に記されています。

第一に、私たちはこの世界に神が用意された可能性を開発利用してよいのだということです。新改訳聖書第三版は2章5節を「地には、まだ一本の野の灌木もなく、まだ一本の野の草も芽を出していなかった。それは、神である主が地上に雨を降らせず、土地を耕す人もいなかったからである」（地にはまだ、野の灌木もなく、野の草も生えていなかった。神である主が、地の上に雨を降らせていなかったからである。また、大地を耕す人もまだいなかった。新改訳２０１７）と正確に訳しています。ポイントは末尾の「からである」です。人間が土地を耕してこそ、この世界はそのうちに創造主が秘めたもうた可能性を発揮することができるという意味の「からである」でしょう。また、2章11～12節で金、ベドラハ、ショハム石《せき》といった地下資源について触れられているのも同じ意図でしょう。

第二に、15節「神である主は人を連れて来て、エデンの園に置き、そこを耕させ、また守らせた」です。神は私たちに、地を耕すとともに、これを守ることを命じていらっしゃるのです。被造物世界を耕して作物を実らせてその可能性を引き出すとともに、これを守ることが私たち人間の任務です。

このように二つの創造記事は、それぞれ自然崇拝の罠に陥るなという警告と、自然破壊の禁止と保護・管理の務めについて教えています。

6　食べること

（1）草食のライオン

神は動物と人間を造ると、すぐに食べ物の心配をしてくださいました。「見よ。わたしは、地の全面にある、種のできるすべての草と、種の入った実のあるすべての木を、今あなたがたに与える。あなたがたにとってそれは食物となる。また、生きるいのちのある、地のすべての獣、空のすべての鳥、地の上を這うすべてのもののために、すべての緑の草を食物として与える」（創世記1：29、30）。興味深いのは、創造の初めには肉食獣はおらず、みな穀物食、草食だったということです。

肉食が許可されるのは、大洪水直後のことです。神はノアに言われました。「生きて動いているものはみな、あなたがたの食物となる。緑の草と同じように、そのすべてのものを、今、あなたがたに与える」（創世記9：3）。おそらく大洪水後、自然環境が激変したために、もはや植物だけでは十分に栄養を摂取できなくなってしまったので、神は肉食を許されたと考えられます。

もっとも、人類の堕落後、大洪水以前にもすでに野獣や神を恐れない人々のうちには神の許可を待たないで、すでに肉食をしていた者がいたかもしれません。というのは、大洪水前すでに被造物は人間の堕落ゆえに呪われて本来的な状態でなくなってしまったからです。

「大地は、あなたのゆえにのろわれる。」（創世記3：17）

動物の食性は、その歯列に現われています。ゾウや牛は草を食べるための臼歯しかありませんし、ライオンやトラは肉を食べるためにすべてが犬歯です。堕落前はすべての動物が草食獣でしたから、当時のライオンやトラの歯はギザギザではなくて、獅子舞の歯みたいに四角い前歯や臼歯だったのだと想像すると愉快です。イザヤが描く終末の国では、肉食獣が草食にもどって平和に暮らすとあります。「狼は子羊とともに宿り、豹《ひょう》は子やぎとともに伏し、子牛、若獅子、肥えた家畜がともにいて、小さな子どもがこれを追って行く。雌牛《めうし》と熊は草をはみ、その子たちはともに伏し、獅子《しし》も牛のように藁《わら》を食う」（イザヤ書11：6、7）わらを食べてからだを維持できるライオンは、きっと馬や牛のような歯列と消化器官を持っていることでしょう。

牧場で牛や羊が草をはんでいるのを眺めれば、「のどかだなあ」とあくびが出ます。けれども、ヒヒがヒョウに追いつかれて恐怖の形相で咽笛にかぶりつかれて、腹を食い破られ、血まみれの内臓を食べられているのを見て「ああ、のどかだなあ」とはどうしても思えません。やはり、肉食は不自然なことだとはるかな記憶の中で私たちは知っているのかもしれません。

(2) 肉の過食に注意！

人間の歯は成人で三十二本。穀物をこなす臼歯は二十本、野菜を噛み切る切歯が八本、肉を食べるための犬歯は四本という構成ですから、比率でいえば、穀物五：野菜二：肉一という割合になります。これが人間の食性の現われですから、聖書がいうように、人間は基本的に穀物菜食の生き物であることがわかります。

こうしてみると、戦後、アメリカの影響を受けた現代日本人の食生活は穀類が不足し、肉を極端に食べ過ぎていることは明らかです。肉を食べ過ぎるとどうなるか。山梨県の長寿村鋼原を六十年間追跡調査してきた医学者は次のように報告しています。

食生活が近代化して十年すると発ガンが増える。鋼原でも戦後増えたものは、動物性たんぱく質、脂肪、コレステロールで、肝心かなめの微量ミネラル、ビタミン、植物繊維が半減したという結果が出ました。

（古守豊甫「長寿村、短命化の教訓」、『土と健康』３０２号、日本有機農業研究会所収）

特に日本人は長年穀物菜食を基本にしていたので、植物繊維をこなすために欧米人よりかなり腸が長くなり、胴が長くなりました。腸が長いと腸内に便が残りがちになり、腸内に残った肉類のかすは異常発酵して発ガンの要因になります。戦後、日本人の間で大腸ガンが増えた理由です。

肉食に偏った食習慣は個人の健康に問題があるだけでなく、世界の飢餓と環境破壊の原因になっています。というのは、たとえば牛肉1キログラムをつくるには餌としての穀類が5キログラムも必要だからです。話を単純化しすぎですが、もし人が肉食をやめて穀物をそのまま食べるのであれば、現状で世界は食糧が有り余っているのです。

近年中国都市部では、食生活が近代化するにつれて、その需要に答えるために放牧地の家畜の数が激増し、本来その土地が養いうる家畜の五倍もの家畜を飼っているので、家畜が草の根まで食べてしまい、それが急激な砂漠化をもたらしていると報告されています。いわゆる過放牧です。

(3) 食べてよい物、いけない物

人間は何を食べるべきで何を食べるべきではないのでしょうか。聖書全体を見れば、〈人は神が許してくださったものを食べ、禁じられたものを食べてはならない〉という原則が貫かれています。まず、先に紹介したように、人間と動物には食糧として植物が与えられました。ですがエデンの園では果樹のうちで善悪の知識の木は禁断とされました。

「神である主は人に命じられた。『あなたは園のどの木からでも思いのまま食べてよい。しかし、善悪の知識の木からは、食べてはならない。その木から食べるとき、あなたは必ず死ぬ。』」(創世記2:16、17)

モーセの時代のレビ記では、食べてよいものが厳しく制限されました。獣ではひづめが割れていて、かつ反芻する牛、羊、ヤギ、鹿などはOKです。馬やろばは反芻しますが、ひづめは割れていないので不可。豚はひづめは割れていますが、反芻しないので不可です。ひづめのない犬・猫・熊などは不可。魚ではうろこがないウナギなどは不可。というわけで、今でも旧約の祭儀律法の下にあるイスラエル人はトンカツ、うな丼、馬刺などは食べません。また、昆虫の中でイナゴ・バッタの類は食べてよかったので、バプテスマのヨハネは野蜜とともに、これを常食していました。タイでは普通に昆虫を食べ、日本の信州でもイナゴや蜂の子やザザムシを食べますが、時々アフリカなどで大発生して困る飛蝗《ひこう》（トノサマバッタやその他のバッタがときに大群をなして群飛すること。）が食されるならば、飢餓対策になるかもしれません（レビ記11章参照）。

新約時代になると、異邦人に福音が提供される時代になったからでしょう。なんでも食べてよいことになりました。ローマの百人隊長コルネリオに会う前に、神は使徒ペテロに地上のあらゆる種類の四足の動物や、はうもの、ハゲタカなどを差し出して、「さあ食べなさい。」と命じて、躊躇するペテロに「神がきよめた物を、あなたがきよくないと言ってはならない」と諭されました。（使徒10：15）

異邦人への使徒パウロは行く先々、異邦人が彼を食卓に招いてくれるとなんでも食べたでしょう。かつて厳格なパリサイ派だったパウロにとって禁欲はたやすいことでしたが、異邦人と同じように、豚肉やウナギなどには相当抵抗があったろうと思います。でも、彼は律法を持たない異邦人には異邦人のようになって（Ｉコリント9：21参照）、トンカツなどを食べたのでしょう。でも恐る恐るトンカツを口に入れてみて、「あれ、食べてみると、意外といけるんだ。いや、うまい。うまい。」と、旧約の食物禁忌から解放してくださったキリストに感謝したかもしれませんね。というわけで、宣教師志願の読者は好き嫌いせずなんでも食べる自己訓練をしましょう。

（4）復活後も食べるのか

私たちは復活後、何か食べるのでしょうか。イエス様は復活してこられたとき、弟子たちに腕まくりをしても、足を見せても、ほんとうに復活したと信じてくれないので、そこにあった焼き魚をムシャムシャと食べて見せました。こういうところを見ると、復活のからだになっても食べるということはあるのですね。神学者によっては、これは弟子たちのために特別に食べて見せたのであって、常に食べる必要があるわけではないというのですが、果たしてそうでしょうか？　そういう考え方は、霊のみを善とするギリシャ哲学風のにおいがします。イエス様に復活のからだがあり、イエス様が復活の初穂であられる以上、私たちも復活のからだが与えられ、食べることもあるのだろうと見るべきだと思います。

「(いのちの水の川は) 都の大通りの中央を流れていた。こちら側にも、あちら側にも、十二の実をならせるいのちの木があって、毎月一つの実を結んでいた。その木の葉は諸国の民を癒やした」(黙示録22：2) とありますが、幸いなことにここにはもう善悪の知識の木はありません。そのときには神に背きうるような自由意志ではなく、みこころにかなうことのみを喜んで選択する自由意志が与えられるのです。復活のからだになったら何も食べないのだと主張する学者さんは、がまんして食べないのかもしれませんが、私は十二種類のいのちの木の実を食べます。楽しみです。

気になることは、イエス様がこのときお魚を召し上がったことです。狼は羊とともに宿るような新天新地の時代のからだでも、魚肉は食べるのかもしれません。なにもかも人間の理屈どおりに書かれていないところが、聖書のおもしろいところです。

7 善悪の知識の木

(1) 神からの自律という願望

食べるということは、単に肉体的に栄養を取るということでなく、聖書の中では人格的な交流の機会として重要視されています。神との交わりを表現する意味で、旧約時代における祭儀の中には神の御前で食事をするということがありました。全焼のいけにえは犠牲をすべて煙にして献身を表現しましたが、和解のいけにえの場合は祭司が一部を食することで神との人格的交わり、和解を表現しました。新約時代における新しい契約のしるしとして定められた聖餐式においても、食卓における儀式とされています。また、主がふたたび来られて御国が完成するときは、世界中の民から選び出された神の民がアブラハムとともに食卓につくと表現されています。

こうしたことを見ると、家庭の形成においても、食卓の交わりは大切なものだということに、気づかされます。単に栄養を補給するためだけに食事をするという忙しい現代人の生き方に染まってしまうことは、神のみこころにかなわないことです。食事の交わりを大切にしたいものです。また、教会における愛餐会も、とても大切なことなのです。

こうしたことを考えると、最初の人アダムに神がお与えになった契約のしるしが、善悪の知識の木から食べるなということであったというのは、意義深いことです。昔、郷ひろみと樹木希林《ききききりん》が「♪アダムとイブがりんごを食べてから……♪」と歌う「林檎《りんご》殺人事件」という曲がありました。男女の愛のもつれが事件の真相だということで「ああ、悲しいね。悲しいね」と結ばれました。善悪の知識の木の実といえば、リンゴの絵が定番です。善悪の「悪」と「りんご」がラテン語の同音異義語で malum なので、こういう誤解が生じたのだろうといわれます。

あの木自体に毒があって人が罪に染まったわけではありません。木は蜜柑でも林檎でも柿でもマンゴーでもパパイヤでもなんでもよかったのです。大事なことは、神があの木から食べてはいけないと禁じられたという事実です。「理屈ぬきで、神が禁じたという理由だけで食べてはいけない」ということを受け入れるかどうかがテストされたのです。それはつまり、私は自分の理屈よりも、神のみことばを尊びますという姿勢があるかないかが試されたということです。神こそ私の主権者ですという生き方が求められたのです。

この木が「善悪の知識の木」と呼ばれて禁断とされたことにも、そのことが現われています。神は、アダムに園にあるすべての木をゆだねてくださったのですが、ただこの木だけはお許しになりませんでした。それは、この木が神に属するものであるということを意味していました。究極的な意味で、善悪の知識は神に属しているということです。造り主である神がものごとの善と悪とをご存知であり、ものごとの善と悪とをお定めになるのであって、被造物である人間は造り主のお定めになった善と悪とを受け入れて生きていくべきなのだということです。

だから逆に言えば、善悪の知識の木から取って食べることとは、神の主権を侵害することを意味していました。それは「私には神などは要らない。私が私の神なのだ。私がしたいことが善であり、私がしたくないことが悪なのだ。」という自律の意識の表現であり、神への反逆でした。

悪魔は蛇を通して「あなたがたが神のようになって、善悪を知る者となる」(創世記3:5)ことができると女を誘惑しました。実際、彼らが木の実を食べた後、神は「見よ。人はわれわれのうちのひとりのようになり、善悪を知るようになった」(同3：22)とおっしゃいました。この二つの箇所で、「善悪を知る者となること」イコール「神のようになること」と表現されています。何が善であり何が悪であるかを知り、定めるのは、本来、神のなさることです。ところが、人が、神をさしおいて、自分で善と悪を定めようとするようになったことが、「神のようになった」と表現されているのです。

人間は神に頼らず自分で自分の道を定めて切り開いて生きていくべきであり、そのように生きることができ、その選択の結果を他の誰かのせいにしてうらむようなことはしないという誇り、これが人間中心主義の根本的原理です。ところが、聖書は、「神など要らない。人間は自律する。」という驕りこそ、罪そのものだというのです。神がご自身の栄光のために創造なさった世界から神を追放し、人間の人間による人間のための世界にしようという生き方をすることこそ、アダム以来の罪なのです。

しかし、実際に、神を人間の世界から追い出してしまったら、善悪の絶対的基準というものがなくなってしまいます。結局、だれか他人が決めた社会の善悪に従うか、自分が神になって自分が好むことを善、好まないことを悪にするほかなくなってしまいます。

ドストエフスキー(1821~1881)の小説『罪と罰』の主人公の青年ラスコーリニコフは、ケチな老婆を殺害し、わずかな金品を奪いました。老婆殺しの動機はなんだったのでしょうか。それは、彼が新聞に投稿した犯罪論とソーニャへの告白のうちに現われています。ラスコーリニコフは、人間は法律にひたすら従わねばならない凡人と、自ら新しい法律を立て一切の道徳的規範を踏み越す権利を持つ非凡人とに分けられると考えました。それで、ラスコーリニコフは自分が「ナポレオンであるか、それともシラミにすぎないか」つまり、自分が非凡人か凡人にすぎないかを確かめるために老婆を殺害したというのです。「ぼくはね、ソーニャ、理屈ぬきで殺したくなったのだ。自分のために、ただ自分のためだけに殺したくなったのだ。」

「理屈ぬきで」ということばに、神を捨てた人間の悲惨が如実に表現されています。「理屈ぬきで」というのは、自分が神だといいたいのです。私が殺したいから殺した、それ以外の理由は要らないというのです。本来、人が善悪の知識の木から食べてはいけないのが、神の命令以外、理屈ぬきであったのと同じです。ラスコーリニコフは自分を神としているのです。「自らが新しい法律を定め、一切の道徳的規範を踏み越す権利をもつ」というのは、自分を神とすることにほかなりません。人は堕落したものの、創造主が人の心に律法を刻んでいらっしゃるので、ふつうは罪を犯せば良心の呵責に苦しむものです（ローマ2:15「彼らは、律法の命じる行いが自分の心に記されていることを示しています。彼らの良心も証ししていて、彼らの心の思いは互いに責め合ったり、また弁明し合ったりさえするのです。」)。けれども、ラスコーリニコフは、神が心に刻んでくださった善悪の基準さえも踏み越えていく非凡な人間となることを望んだのです。

「ラスコーリニコフは小説の中にしかいないだろう。」若い日に、この本を読んだとき筆者はそう思いました。けれども、どうもそうではないようです。かつての凶悪犯罪の報道を聞けば、「カネが欲しかった」とか「かくかくしかじかの理由で、被害者を怨んでいた」との説明に、なるほどと納得したものです。ところが、最近の殺人事件での犯行の動機は、「むしゃくしゃしたから」、「別に誰でもよかった」といいます。殺人の動機として自分の苛立ちや衝動のほかにどんな理由も要らないというのです。「俺が殺したいから殺した。ほかに何の理由がいる? 俺が神なのだ」というのです。善悪の知識の木の実を盗んで以来、人は神になりたいという罪深い情念の虜《とりこ》になってしまったのです。「悲しいね」ではすまない、恐ろしいことです。

（2）私たちの自由

人間がサタンの誘惑にのって神から自律を企《くわだ》てたことが罪の本質です。だとすると、人間は他律的つまり不自由に生きるべきだということになりそうです。ところが、聖書はそのようには教えていません。聖書はキリスト者の救いの歩みは自由があると教えていますし、実際、クリスチャン生活の中で私たちは解放感を経験します。なぜでしょうか。三つ理由があります。

第一の理由は、人は神に背を向けているとき、サタンの奴隷になっていたけれども、キリストにあってサタンの支配から解放されたからです。サタンが、人間は神のようになり自由になれると言ったのは嘘で、実際には、人間はサタンの奴隷となったのです。サタンの奴隷であったとき、私たちは自分が望まない悪を行なっては良心の呵責に苦しんでいました。「さて、あなたがたは自分の背きと罪の中に死んでいた者であり、かつては、それらの罪の中にあってこの世の流れに従い、空中の権威を持つ支配者、すなわち、不従順の子らの中に今も働いている霊に従って歩んでいました。」（エペソ2：1、2）とある通りです。しかし、キリストを信じたとき、私たちはサタンという主人から解放されたので、自由を経験するのです

（ローマ6章参照）。

第二の理由は、先に創世記一章26、27節のところで見たように、人間はもともと「神のかたち」である御子キリストを本体として造られた「神のかたちのかたち」であるからです。鳥として造られたなら飛ぶときに自由であり、魚として造られたなら泳ぐときに自由であるように、被造物はその本来性に基づいて生きるときに自由です。人間は、本来「神のかたち」である御子において造られましたから、その御子と同じかたちに変えられて生きていくときに、自由を経験するのです。

第三の理由は、それが主の御霊の内なる働きによるからです。律法が石の板に刻まれていた時代には、律法は人を外側から縛るものでした。しかし、キリストが十字架と復活による贖罪《しょくざい》のわざを成し遂げて、御父のもとから聖霊をすべての信徒に注いでくださった新約の時代には、律法は心の板に刻まれることになりました。心の板に律法が刻まれるとは、聖霊による新生を意味しています。心に律法が刻まれると、人は自らの意志をもって律法の命じることを行うようになります。つまり自由に律法を行う者となることです。これはエレミヤが預言していたことです。

「見よ、その時代が来る――主のことば――。そのとき、わたしはイスラエルの家およびユダの家と、新しい契約を結ぶ。その契約は、わたしが彼らの先祖の手を取って、エジプトの地から導き出した日に、彼らと結んだ契約のようではない。わたしは彼らの主であったのに、彼らはわたしの契約を破った――主のことば――。これらの日の後に、わたしがイスラエルの家と結ぶ契約はこうである――主のことば――。わたしは、わたしの律法を彼らのただ中に置き、彼らの心にこれを書き記す。わたしは彼らの神となり、彼らはわたしの民となる。」（エレミヤ書31：31―33）

「主は御霊です。そして、主の御霊がおられるところには自由があります。私たちはみな、覆いを取り除かれた顔に、鏡のように主の栄光を映しつつ、栄光から栄光へと、主と同じかたちに姿を変えられていきます。これはまさに、御霊なる主の働きによるのです。」（Ⅱコリント3：17、18）

8　悪魔

(1)　もう一人の役者

世界観というと、神と人間と自然という三者の関係として説明されることが多いのですが、創世記第三章を見れば、もう一人の役者、蛇がいることに気づきます。創世記記者が「蛇は……野の生き物のうちで」と言っていることを見れば、爬虫類の蛇を指しているようですが、黙示録記者によってこの蛇は「古い蛇」と呼ばれ、悪魔・サタンと同一視されていますから（黙示録12：9）、悪魔が蛇に憑依《ひょうい》したと理解するのが妥当でしょう。私たちが問題としているのは、当然、爬虫類の蛇ではなく、悪魔です。悪魔は神の御業を妨害し、人を神に背かせ、あわよくば自分が神のように崇拝されることを欲して、あらゆる手練手管《てれんてくだ》を尽くして人を誘惑します。

自由主義の聖書学者たちは、悪魔という観念の起源は古代ペルシャの光と闇の二元論的宗教にあり、それが後期ユダヤ教と原始キリスト教に影響したと言いますが、聖書は旧約聖書巻頭の創世記から、悪魔が人間をたぶらかしたと教えています。

(2) 悪魔の起源

ところで悪魔はどこから来たのでしょう。ユダ書に、「またイエスは、自分の領分を守らずに自分のいるべき所を捨てた御使いたちを、大いなる日のさばきのために、永遠の鎖につないで暗闇の下に閉じ込められました」(6節)とあります。この箇所から推論すれば、高慢になって罪を犯した御使いのうち、なお暗闇に閉じ込められず暗躍しているのが、悪魔とその手下の悪霊どもなのでしょう。

なお、イザヤのバビロンの王に対するあざけりの歌の一部(イザヤ書14:12—15)およびエゼキエル書28章1—19節のツロに対する宣告が、悪魔の高慢と堕落を示しているという理解はオリゲネス以来のものです(『諸原理について』5:4—5)。また悪魔の別名ルシファーの出典は、ヒエロニムスのラテン語訳聖書ウルガタのイザヤ書14章12節「明けの明星(ルチフェル）」です。

（3）悪魔の策略

さてエデンの園で悪魔が女の心の内に神のことばに対する疑念を生じさせると、女は神のことばを取り除いたり、付け加えたりしてしまいます。彼女は善悪の知識の木に関して、あたかもその木に魔力があるかのように「それに触れてもいけない」と付け加え、神が「必ず死ぬ」とおっしゃったのに、「あなたがたが死ぬといけないからだ」とぼやかしたのです。

女がひっかかったと見た悪魔は「あなたがたは決して死にません」と神を嘘つき呼ばわりし、「それを食べるそのとき、……あなたがたが神のようになって善悪を知る者となることを、神は知っているのです」（創世記3：5）と神をケチン坊呼ばわりします。すると悪魔のことばに乗せられた女の内にむくむくと肉の欲・目の欲（好奇心）・虚栄心という三つの邪欲がわき上がってきました。「そこで、女が見ると、その木は食べるのに良さそうで、目に慕わしく、またその木は賢くしてくれそうで好ましかった」（創世記3：6）。そして、食べてしまいました。それればかりか、悪魔の手先となった女は、夫を誘惑し夫もまた木の実を食べてしまいます。

悪魔の策略の一つは、神のことばへの疑いを生じさせ、欲望を刺激し、誘惑に陥った人を手先として用いることでした。悪魔は神のことばを知っていて、それを神を愛さない動機で利用します。荒野の四十日のときも、悪魔は詩篇のことばを引用して主イエスをたぶらかそうとしました。悪魔は神の言葉をよく知っていて、それを捻じ曲げて使うのです。

悪魔の策略についてもう一つ創世記3章から学んでおくべきことは、悪魔は私たちを誘惑するけれども、実際に罪を犯してしまうのは私たち自身であるということです。神に問い詰められた時、アダムは「あなたが私のそばに置かれたこの女が」と言い訳をし、女は「蛇が……」と言いました。あのとき、悪魔は「大成功!」とほくそ笑んだに違いありません。たしかに悪魔の誘惑はありますが、罪を犯したとしたら、「それは私の責任です」と神の前に認めて告白することが肝心です。そうすれば、悪魔の策略は破れるのです。

悪魔の策略について、もうひとつ心に留めておきたいのは、C・S・ルイス(Clive Staples Lewis, 1898~1963)のことばです。「悪魔に関して人間は二つの誤謬におちいる可能性がある。その二つは逆方向だが、同じように誤りである。すなわち、そのひとつは悪魔の存在を信じないことであり、他はこれを信じて、過度の、そして不健全な興味を覚えることである。悪魔どもはこの二つを同じくらい喜ぶ。すなわち、唯物主義者と魔法使とを同じようにもろ手を挙げて歓迎する。」(『悪魔の手紙』森安綾、蜂谷昭雄訳)

(4) 異教と悪魔

現代は「ふもとの道は多けれど同じ高嶺の月を見るかな」という宗教的多元主義が流行する時代です。しかし、大事なことは聖書が教えていることを明確にしておくことです。新約聖書の時代のヘレニズム世界の宣教の現場、また、キリスト教が公認される以前のローマ帝国は、「宗教的多元主義」の世界であり、現代世界の宗教事情と類似していました。アレクサンドロス大王がインドの西北部にまで軍を進めて広大な版図を手中に収め、ヘレニズム世界を成立させて以来、各民族がもっていた諸宗教も融合することになりました。ヘレニズム世界を相続したローマ帝国においても同様の宗教事情でした。ローマ帝国は支配下に入れた諸国の宗教に対して基本的に寛容政策を取りました。そうして、それぞれの民族宗教における神々はローマ民族が古来もっていた神話の神々のそれぞれの民族における現れであるという立場を取りました。たとえば、ギリシャ神話のゼウスはローマのユピテルに、アフロディテはウェヌスにあたるというように教えました。いわゆる本地垂迹説です。ローマのパンテオン神殿には世界中の八百万の神々が祀《まつ》られます。それらを尊重することが信心深いこととされたわけで、こうした神々を敬わないキリスト教徒は古代においては「無神論者」として非難されることになりました。

このような世界に福音を宣べ伝えていった使徒たちは、これら異教の神々についてどのように教えているでしょうか。使徒たちは各地で魔術師や占い師の妨害を受け、アルテミス神殿がそびえる偶像の都エペソでは神殿模型屋つまり神棚屋から迫害を受けました（使徒19：23–28）。パウロは、不従順な異教徒のうちには「空中の権を持つ支配者」つまり悪魔が働いていると明言し（エペソ2：2）、我々の敵は人ではなく、悪魔・悪霊どもであると教えています（エペソ：11–12）。キリストの受肉を否定する異端運動、グノーシス主義も悪魔・悪霊に由来するものであると断言します（Ⅰヨハネ4：1–3）。

悪魔と悪霊どもは「いと高き方のようになろう」とした者ですから、諸宗教の本尊になりすまして、拝まれて嬉しがっているのでしょう。偶像の神々にささげものをすることは、悪霊にささげられているのだとパウロは指摘しています。「私は何を言おうとしているのでしょうか。偶像の神にささげた肉に、何か意味があるとか、偶像に何か意味があるとか、言おうとしているのでしょうか。むしろ、彼らの献げる物は、神にではなくて悪霊にささげられている、と言っているのです。私は、あなたがたに悪霊と交わる者になってもらいたくありません。」（Ⅰコリント10：19―20）私たちは偶像崇拝を避けるべきです。

（5）国家権力と悪魔

さらに聖書は悪魔を「この世を支配する者」（ヨハネ12：31―14：30）、「この世の神」（Ⅱコリント4：4）とさえ呼んで、悪魔がしばしば国家権力を利用することも示しています。イエス誕生に際して悪魔はヘロデ大王のうちに働いて、イエスを殺そうとしました（マタイ2：1―16、黙示録12：4「その尾は天の星の三分の一を引き寄せて、それらを地に投げ落とした。また竜は、子を産もうとしている女の前に立ち、産んだら、その子を食べてしまおうとしていた。」）。もともとローマには皇帝礼拝の習慣はありませんでしたが、オリエントの国々では王を神として崇める宗教性がありました。たとえばエジプトではファラオは太陽神ラーの息子、現人神とされていました。ローマ帝国がオリエント世界を包み込むうちに、こうした王の神格化がローマ帝国に取り入れられるようになり、アウグストゥスの時代から皇帝崇拝が行われることになります。古代教会は皇帝礼拝の強制で苦しみましたが聖書は、皇帝に権威を与えたのは竜すなわち悪魔であると、その黒幕を暴露しています（黙示録13：1―10参照）。主の再臨がごく近くなると、悪魔は「不法の者」「滅びる者」と呼ばれる天才政治家を立てて、世界を惑わし、神の民を迫害すると告げています。その天才政治家は得意の絶頂になると、自分を神と宣言して、他宗教をすべて禁止すると予告されています（Ⅱテサロニケ2：3―10「どんな手段によっても、だれにもだまされてはいけません。まず背教が起こり、不法の者、すなわち滅びの子が現れなければ、主の日は来ないのです。不法の者は、すべて神と呼ばれるもの、礼拝されるものに対抗して自分を高く上げ、ついには自分こそ神であると宣言して、神の宮に座ることになります。……」）。

私たちは権力者たちが悪魔に支配されてしまうことがないように、とりなし祈る務めがあります。そうしなければ、悪魔は彼らを用いて神の民を弾圧し、私たちは敬虔に平和で静かな生活をすることがむずかしくなるでしょう。

「そこで、私は何よりもまず勧めます。すべての人のために、王たちと高い地位にあるすべての人のために願い、祈り、とりなし、感謝をささげなさい。それは、私たちがいつも敬虔で品位を保ち、平安で落ち着いた生活を送るためです。」（Ⅰテモテ2：1―2）

（6）しかし、悪魔も神の支配下にある

しかし、聖書は悪魔も神の支配下にあると教えます。神は人間が堕落すると、蛇への裁きを宣告し、その中で「女の子孫」の「蛇の子孫」に対する最終的勝利を予告されました。

「わたしは敵意を、おまえと女の間に、おまえの子孫と女の子孫の間に置く。彼はおまえの頭を打ち、おまえは彼のかかとを打つ。」（創世記３：15）

ヨブ記1章で、サタンは御使いたちのうちに立ち混じって神の前に出ています。サタンは、神の許可なくしてヨブを試みることはできません。サタンは神の主権下に置かれているのです。サタンは神と対等ではありません。悪魔が対等に戦うのはせいぜい善き天使にすぎません（黙示録12：7「さて、天に戦いが起こって、ミカエルとその御使いたちは竜と戦った。竜とその使いたちも戦った……」）。サタンは自らを神と対峙《たいじ》する者として振舞いわれわれを欺くのです

が、聖書的な観点からすれば、サタンの対峙者は神ではなくミカエルなのです。この点、リベラルな学者たちが聖書にある悪魔の教えはペルシャから入り込んだのだというのは的外れです。聖書における悪魔の位置づけは、善と悪が対等であるとするペルシャの二元論的宗教とは、まるで異質です。というわけで、なんでも合理的に説明したがる学者たちは、すでに悪魔の策略に陥ってしまっているのです。

(7) イエスの宣教の妨害と神の知恵

イエスが公生涯にはいると、悪魔は荒野で誘惑します。この試みはエデンの園の試みと対応しています。アダムは人類の代表として、エデンの園という好条件下で悪魔の三つの邪欲にかかわる誘惑にあって敗れましたが、イエスは荒野という悪条件下で、第二の人類の代表として誘惑に臨まれました。悪魔は石をパンに変えよと肉の欲を誘い、高所から飛び降りよと目の欲を刺激し、国々の栄華を与えようと虚栄心をくすぐりましたが、イエスは勝利しました。

イエスの宣教には悪霊にとりつかれた人々の解放が伴っており、そこには霊的な戦いがありましたが、イエスに誰より先鋭に敵対したのは、宗教的指導者たち特にパリサイ派でした。イエスはパリサイ人を「蛇よ、まむしの子孫よ」（マタイ23：33）と呼んで、彼らの偽善的宗教性は悪魔に由来し、彼らはあの「おまえ（蛇）の子孫」（創世記3：15）であることを暴露します。神の御子を憎んで十字架に磔にした首謀者は、祭司長一派と律法学者たちでした。また、悪魔はイエスの弟子にも働きました。ユダはサタンに心奪われて敵にイエスを売ってしまいます（ヨハネ13：2「夕食の間のこと、悪魔はすでにシモンの子イスカリオテのユダの心に、イエスを裏切ろうという思いを入れていた。」、27節「ユダがパン切れを受け取ると、そのとき、サタンが彼に入った。」）。悪魔は人間を用いて神の御子を十字架に磔にするという最悪の業をなしとげたのです。

しかし、神の知恵は悪魔の知恵をはるかに凌駕《りょうが》していました。神にとっては、悪魔によるゴルゴタでの最悪の仕業は、人類を罪の呪いから救出するためのご計画の成就でした。神の知恵はなんと底知れず深いことでしょう！

9　いちじくの葉と皮の衣

（1）　いちじくの葉

「人間が他の動物と違う点はなんでしょうか？」といえば、「それは人のみが神のかたちである御子に似た者として造られたことであり、神の像とは知・義・聖です。」が答えです。ですが、今回はもっと身近で目に見える人間の特徴について学びましょう。それは、人だけが着物を着るという点です。最近はペットブームで服を着せられた犬を見かけますが、あれは人によるお仕着せにすぎません。

「ミノムシはどうですか」という人がいるかもしれません。ですが、ミノムシが着物をつけるのと、人間が着物をつけるのは目的が異なります。ミノムシにとって着衣は風雨や日照りや外敵から身体を守るためでしょうが、人間にとって着衣の第一義的な目的はそうではありません。それは、常夏の島に住む人々でも、ごく一部の裸族は例外として、みな腰におおいを着けることからわかります。なぜ人間は腰におおいをするのでしょうか。人間の着衣の習慣の始まりについて、創世記は次のように語っています。

「こうして、ふたりの目は開かれ、自分たちが裸であることを知った。そこで彼らは、いちじくの葉をつづり合わせて、自分たちのために腰の覆《おお》いを作った。」（創世記３：７）

人は裸を恥じるから着物を身に着けます。食べたのは口ですから、マスクでもすればよかったのに、彼らは腰をおおったのでした。それは性器を隠すためでした。アウグスティヌスは『神の国』第十四巻で、性欲との関連でいちじくの葉を解釈しています。以下に、その内容を要約してみます。神に反逆する前、最初の夫婦は、お互いに裸を恥ずかしいと思いませんでした。それは、彼らが自分たちの裸に気づかなかったからではなく、裸がまだ恥ずべきものとなっていなかったからです。というのは、堕落前は情欲が彼らの意志に反逆して、性器を動かすようなことがなかったからです。ちゃんと時と場合と相手をわきまえて、自分の意志で性器をコントロールすることができたのです。しかし、人が神に反逆し、神の恵みが取り去られたとき、それまで意志の統御に服していた性器は、情欲に捕えられて、本人の意志に反して振舞うようになってしまいました。以来、人は「情欲を抱いて女を見る者はだれでも、心の中ですでに姦淫を犯したのです」（マタイ5：28）という戒めにおののき、「私には、自分のしていることが分かりません。自分がしたいと願うことはせずに、むしろ自分が憎んでいることを行っているからです」（ローマ7：15）と嘆かねばならない者となってしまったのです。

人間は、サタンに誘惑され、神に背を向けて「神のようになれる」と期待して善悪の知識の木の実を取って食べました。けれども、その結果は、自分自身の性欲さえもコントロールできない惨めな者に成り下がってしまうということでした。人はサタンと肉欲の奴隷になってしまったのです。だから最初の男女は狼狽《ろうばい》し、いちじくの葉で性器を隠すようになり、その子々孫々も着衣という習性をもつことになりました。

けれども、いちじくの葉など、日差しの下で数時間もすれば枯れて、また恥が露出してしまいます。いちじくの葉は、自力で己が罪と恥を覆おうとする自力救済の偽善的努力のむなしさを象徴しているといえましょう。

（2） 皮の衣

神はいちじくの葉に代えて、獣を殺して作った皮の衣を彼らに用意してくださいました。「神である主は、アダムとその妻のために、皮の衣を作って、彼らに着せられた。」（創世記3：21）この個所は、いわゆる神人同形論のように映るので、それを警戒して、「神が、あたかも毛皮商人や仕立て屋のように、獣を殺し毛皮をなめして縫い合わせて皮の衣を作ったということではなくて、そうすることを人間に許可したという意味である」という聖書注解が多いようです。

しかし、このような解釈では、「神である主は、アダムとその妻のために、皮の衣を作って彼らに着せられた」という記述に現れた驚くべき神の恵みが見えなくなってしまいます。創世記第三章は、「そよ風の吹くころ、園を歩き回られる神」というぐあいに、あたかも浴衣に下駄ばきで団扇を片手に散歩していらっしゃるような風情で神のふるまいを表現しているのですから、この個所もまた神が手ずから、罪に落ちて裸を恥じている罪人夫婦のために皮衣を作ってくださったという表現を素直に読み取ればよいのです。いちじくの葉が自力を表すとすれば、皮の衣は神による恵みを表現しています。

では、いちじくの葉と皮衣はどう違うでしょうか。「鬼のパンツはいいパンツ♪つよいぞ♪つよいぞ♪トラの毛皮でできている♪」という歌のように、皮衣はすぐに枯れるいちじくの葉に比べればうんと丈夫で長持ちします。それは神の恵みの永続性を象徴するといえましょうが、それ以上に、皮衣を作るためには生き物の血が流された点が肝心です。「血を流すことがなければ、罪の赦しはありません」（ヘブル9：22）とあります。神が罪人に着せてくださった皮衣に代償的贖罪の祭儀的意味が読み取られるべきでしょう。

ここにいけにえの祭儀と、その彼方のキリストの十字架の予型を読むのはうがちすぎだと思うむきもあるでしょう。しかし、文脈をじっくりと見ますと、うがちすぎとはいえません。このときアダムとエバのために史上初めて動物の血が流されたのです。というのは彼らはまだ肉食をしていなかったからです。その血を流された動物の衣で自分の裸の恥が覆われたとき、彼らは大きな衝撃とともに、自分たちの恥を覆うには動物の血が流されねばならないのだと認識させられました。神は「その木から食べるとき、あなたは必ず死ぬ」（創世記2：17）と言われたのに、殺されたのは自分ではなくこの動物であり、その動物の皮をもって恥が隠されるという体験をして、その動物が自分の身代わりとなったということを悟らなかったと考えるほうがよほど無理な解釈です。
裸の恥をおおう衣の意義は、創世記を記したモーセの祭儀律法における祭司の衣に継承されていきます。祭司が聖なる神の前に出るために、特別の衣を着ることが求められました。特に、「裸をおおう亜麻布のももひき」（出エジプト記28：40―42）という表現があります。
そして、新約にいたってキリストが私たちの罪のために血を流して死なれ、その血潮によって私たちの罪と恥が覆われたのです。人は自前の義ではなく、神がキリストにあって恵んでくださった義によって神の御前に罪を赦されます。私たちは自力の道ではなく、恩寵の道で救われます。私たちは自前の偽善の衣を捨てて、「キリストを着る」（ローマ13：14）べきです。王子の婚宴に招かれた客が追い出されたのは、当時の習慣によって会場入り口で与えられた礼服を拒否して自前の服を着て席についていたからでした。（マタイ22：11―13参照）
神の御前では、自分の過ちを言い訳や偽善で取り繕っても無益です。いちじくの葉は強い日差しにしおれてしまいます。神のくださる義の衣を着ましょう。自力の道を捨て、おのれの罪と無力を大胆に告白して、子羊イエスが流された血潮によって罪を覆っていただこうではありませんか。

10　下剋上

（1）からだの中で

こうして、ふたりの目は開かれ、自分たちが裸であることを知った。そこで彼らは、いちじくの葉をつづり合わせて、自分たちのために腰の覆いを作った。（創世記3：7）

善悪の知識の木の実を食べたとき、アダムと妻は裸を恥じて性器を隠しました。神に従順であった時、性器は意志の統御の下にあって正しく機能していましたが、アダム夫婦が神に反逆したとき、性器は意志に反して勝手に振舞うようになったからです。下位にある肉体が、上位の意志に反逆するという、人の内面における下剋上です。

人は自分の意志で肉体を制御できなくなりました。アウグスティヌスはこの事態を「不従順が不従順という罰をもって叩き返された」と表現しています（『神の国』14：17）。神への不従順な意志が、肉体の不従順という罰を受けたのです。それ以来、人は、意志と肉体の相克のゆえに肉欲主義と禁欲主義の両極端を右に揺れ、左に揺れています。

(2) 家庭の中で

現代は、家庭の中で夫と妻の間に上下関係があるとか、親と子どもの間にも上下関係があるなどというと、時代遅れの差別主義者だと袋叩きにされてしまいそうな世の中です。けれども、聖書はどう教えているでしょうか。

親子関係について、聖書は「子どもたちよ。主にあって自分の両親に従いなさい」（エペソ6：1）と命じています。神は、親に子どもを保護・監督する任務と権威を授けていらっしゃいます。また、聖書は妻たちに次のように命じています。「妻たちよ。主に従うように、自分の夫に従いなさい」（エペソ5：22）。神は夫に、妻を愛し導く任務と権威をお与えになっているのです。

ただし夫が暴君でよいと言っているのではありません。「夫たちよ。キリストが教会を愛し、教会のためにご自分を献げられたように、あなたがたも妻を愛しなさい」（エペソ5：25）とあるように、夫は神から授かった権威を、キリストのような自己犠牲の愛をもって用いなければなりません。「あなたがたの間では、そうであってはなりません。あなたがたの間で偉くなりたいと思う者は、皆に仕える者になりなさい」（マルコ10：43）。主イエスは、夫に対して仕えるしもべの心をもったリーダーシップを命じているのです。

妻が夫に従順であれば、夫は妻を愛しやすくなり、夫が妻を愛をもって導けば、妻は夫に従順でありやすいでしょう。そこに好循環が生じます。そこで、結婚を考えている女性に勧めたいのは、「尊敬できる人を夫として選びなさい」ということです。尊敬していない人に従うことは難しいからです。男性としては、みことばにしたがって尊敬に値する人となるように自己訓練することがたいせつです。

ところが、アダムが神の権威に背いたとき、夫婦の秩序は異常を来たしました。神は妻に次のようにおっしゃいました。「あなたは夫を恋い慕うが、彼はあなたを支配することになる」（創世記3：16）。ここでの「恋い慕う」ということばは、第四章における神のカインに対する警告の中でも用いられていることばです。神は奉献物のことで罪を犯したカインに対して警告なさいました。「戸口で罪が待ち伏せている。罪はあなたを恋い慕うが、あなたはそれを治めなければならない」（創世記4：7）と。罪が悪女に例えられています。これは言い換えれば、罪はあなたをとりこにしてあなたを支配してしまおうとしているぞという意味でしょう。ちょうど悪女デリラがサムソンを誘惑し、滅ぼそうとしたような恋い慕いかたといえばいいでしょうか。堕落後、妻が夫を恋い慕うというのは、妻は夫の自分に対する権威を認めず、逆に自分の思うままに夫を操りたいという欲望を抱くようになってしまったという意味であると解釈されるところです。夫婦の間にも、下剋上が生じたのです。

しかし、妻が夫のいうことにことごとく反対すればするほど、夫は暴君になります。それでももし妻が夫の権威をないがしろにするならば、そのうち夫は「おまえの勝手にすればいい」と無責任になってしまいます。〈愛と従順〉という夫婦の好循環は、〈暴君的支配と奴隷的服従〉または〈無責任と不従順〉という悪循環に変質してしまうのです。人間の夫婦は最初の夫婦以来そのような悪循環に陥ったのです。

（3） 自然と人間

さらに、自然界も人間に対して反逆するようになりました。神はアダムにおっしゃいまし

た。「大地は、あなたに対して茨とあざみを生えさせ、あなたは野の草を食べる。」（創世記3：18）

本来、人間には、神の権威の下で、善い王として自然界を支配する務めがありました。「神は彼らを祝福された。『……地を従えよ。海の魚、空の鳥、地の上を這うすべての生き物を支配せよ』」（創世記1：28）。けれども、神の権威を拒否した人間は、自然界から王としての権威を拒否されたのです。「不従順が不従順という罰をもって叩き返された」のです。いばらとあざみ、病害虫は農夫を苦しめ、野獣たちは人間を襲い、微生物は変異して病気を発生させるようになりました（創世記3：17—18参照）。

人間はこうした自然の猛威に対して長い期間なすすべがなく、ひたすら自然界のもろもろのものを神々として恐れて拝むようになりました。雷に震え上がり、太陽を拝み、氾濫を恐れて川の神の祠《ほこら》にひざまずき、手当たりしだいあらゆる物を神々として礼拝するようになってしまったのです。

しかし、ここ二百年ほど前から、人間は文明の力で自然界を圧倒するようになり、今度は自然界を暴君的に支配するようになりました。しかし、そうした暴君的な文明のありかたが環境破壊を起こし、いまや地球は危機的状況になっています。

むすび――権威と服従

今日私たちが直面している地球環境の破壊という大問題も、家庭崩壊や人間の内面の抑えがたい肉欲にまつわる苦悩も、その根は同じ罪であると聖書は述べています。それは人間が思い上がって創造主の権威に従うことを拒否した罪です。現代は権威とか服従ということば自体、忌み嫌われる風潮が強く、むしろ反逆者が英雄視される時代です。しかし、私たちキリスト者は、悔い改めて新生した者として、敬うべき人を敬うように生き方を変えることが必要です。そこに神の望まれる秩序と平和の回復が生まれます。

「すべての人を敬い、兄弟たちを愛し、神を恐れ、王を敬いなさい。」（Ⅰペテロ２：17）

11　二人のアダム

(1)　アダムとイエス

神は二人の代表者によって、人類をお取り扱いになります。ひとりは人類の始祖アダムであり、もうひとりはイエスです。そこでイエスを第二のアダムと呼ぶことがあります。この二人の代表者のいずれに属するかによって、その人の永遠の運命は決まります。アダムに属する者は滅び、キリストに属する者は永遠のいのちにはいります。

アダムと妻は、エデンの園という最良の環境で、ただ、園の中央にある「善悪の知識の木からは、食べてはならない」という禁令を受けました。もし、彼らが神に従順であったなら、神はさらに完全な祝福を彼らとその子孫たちに与えたことでしょう。古代教父エイレナイオス（Irenaeus, 130~202）によれば、時が来て人となられた神のことばイエスは、神が人をご自分の像に似せて創造なさったときの「神のかたち」です（創世記1：27、ピリピ2：6）。アダムとエバがもし誘惑に陥らなかったなら、さらに御子の像を完成させた者となったはずでした。けれども、彼らが神のご命令に背いたので、世界に罪と死が入ってしまいました（ローマ5：12「こういうわけで、ちょうど一人の人によって罪が世界に入り、罪によって死が入り、こうして、すべての人が罪を犯したので、死がすべての人に広がった……」）。

罪というのは、神の前において法的に罪責があるという意味と、性質として罪（罪性）があるという意味です。そして死は、もっとも本質的な意味では神との分離を意味しています。しかも、アダムは人類の代表でしたから、その子孫はすべて生まれながらに彼の罪を受け継いでいます。「ご覧ください。私は咎ある者として生まれ　罪ある者として　母は私を身ごもりました」（詩篇51：5）とダビデが嘆くとおりです。親は子に「嘘をつきなさい」とは教えませんが、子どもは必ず嘘をつくようになります。親は子どもに「意地悪をしなさい」とは教えませんが、子どもは意地悪をするようになります。生まれながらに罪がその中に宿っているからです。すべての人は、この原罪を背負って生まれてきます。幼いときには、それが種の状態ですが、やがて罪の芽を出し、罪の花を咲かせ、罪の実を結んでしまいます。

「アダムとエバがもし誘惑に陥らなかったなら、さらに完全に御子の像に似た者となったはず」というのは、堕落前の彼らの状態は「罪を犯しうる罪なき状態」だったのですが、最終的な救いの完成においては、「罪を犯しえない罪なき状態」としていただけることを意味しています。その日には罪に悩まされることはなくなります。それはなんと幸いなことでしょうか。

(2) エデンの園で

悪魔は人の欲につけいって罪へと誘いました。「そこで、女が見ると、その木は食べるのに良さそうで、目に慕わしく、またその木は賢くしてくれそうで好ましかった」(創世記3：6)とあります。

「食べるのに良さそう」とあるように、一つは「肉の欲」つまり肉体的な欲への誘惑です。女は食欲をそそられて、罠に陥りました。そして、彼女だけでなくアダムも、彼らの子孫もみな肉の欲への誘惑に敗れてきました。姦淫も暴飲暴食も肉の欲の暴走です。

また、木の実は「目に慕わしし」かったとあります。「目の欲」への誘惑です。アウグスティヌスによれば、目の欲とは好奇心です。女は「なんだか面白そうだわ。食べたら、いったいどうなるかしら?」と好奇心をそそられたのです。好奇心は、限度内では良いものでしょうが、限度を越えると罪になります。たとえば、麻薬をやれば身の破滅だと知っていながら、好奇心からやって滅びてしまう人たちがいるでしょう。

また、禁断の木の実は「食べれば賢くなる」という点で魅惑的でした。悪魔は「あなたがたは神のように賢くなれる」と誘ったのです。人が「神のかたち」として、自分と隣人の尊さを知ることは健全なことです。しかし、神に背いて、神のようになろうと願うことは傲慢であり虚栄です。傲慢と虚栄によって悪魔の罠に陥ってきました。悪魔は肩書きや地位や名誉を餌として、私たちを滅ぼそうとするのです。

(3) 荒野で

人類の代表アダムはエデンの園という好条件下で悪魔の試みに負けましたが、イエスは第二の代表として、荒野という悪条件下で悪魔の試みに勝利を得てくださいました。悪魔は腹ペコのイエスに対して、「肉の欲」を刺激する誘惑をしました。「あなたが神の子なら、この石がパンになるように、命じなさい。」(マタイ4:3)しかし、イエスはお答えになりました。『人はパンだけで生きるのではなく、神の口から出る一つ一つのことばで生きる』と書いてある」(マタイ4:4)。神は、神の義を第一に求める者には、神の義に加えて食べ物も着物も与えてくださいます。

悪魔はイエスに「目の欲」つまり好奇心への誘惑をも仕掛けました。「あなたが神の子なら、下に身を投げなさい。『神はあなたのために御使いたちに命じられる。彼らはその両手にあなたをのせ、あなたの足が石に打ち当たらないようにする』と書いてあるから」(同6節)。するとイエスは言われた。「『あなたの神である主を試みてはならない』とも書いてある」(同7節)と言って悪魔を撃退しました。

さらに悪魔はイエスに傲慢と虚栄心への誘惑を仕掛けました。イエスにたとえば中華帝国、インドのマハラジャ、ローマ皇帝の宮廷の酒池肉林《しゅちにくりん》・栄耀栄華《えいようえいが》の幻などを見せて「もしひれ伏して私を拝むなら、これを全部あなたに差し上げましょう。」と誘惑したのです。イエスは「下がれ、サタン。『あなたの神である主を礼拝しなさい。主にのみ仕えなさい』と書いてある」(同10節)と撃退しました。

こうして、イエスは私たちの代表として荒野における悪魔の誘惑に勝利を収められました。アダムが悪魔の誘惑に敗れて以来、その子孫は一人残らず悪魔の誘惑に勝つことができませんでしたが、ついに神の御子イエスが人の代表となるために、悪魔の誘惑に対して勝利を収めてくださったのです。荒野の出来事は、その悪魔に対する戦いの発端であり、主イエスは最終的には十字架の死と復活によって、勝利を獲得なさいました。主イエスはおっしゃいました。「わたしはすでに世に勝ちました」（ヨハネ16：33）。

日本人は日本代表のチームが世界大会で勝利を収めたら「やったー。勝った」と喜ぶでしょう。なぜですか。彼らが日本代表なので、彼らの勝利に日本人の私たちもあずかるからです。主イエスは神の民の代表として悪魔の試みに勝利を獲得されたので、私たち自身は弱くても、悪魔に対して決定的な勝利をすでに得ているのです。蛇が頭を踏み砕かれても長い時間のた打ち回っているように、悪魔はすでに主イエスに頭を踏み砕かれても今なお断末魔の叫びを上げながら暴れています。しかし、悪魔の負けはもう決定しているのです。ですから、私たちも勇敢でありましょう。私たちは、キリストに属する勝利者なのです。

すべて世にあるもの、すなわち、肉の欲、目の欲、暮らし向きの自慢などは、御父から出るものではなく、この世から出るものです。世と、世の欲は過ぎ去ります。しかし、神のみこころを行う者は、永遠に生き続けます。（Ⅰヨハネ2：16－17）

12　神の御顔をあおぎ見る

（1）　エデンの園で

　ある大店《おおだな》の主人に頼まれて、庭師の熊さんは早朝から庭で、一日汗を流して働きます。涼しい風が吹いてくる頃合になると、主人が団扇でパタパタと懐に風を入れながら歩いてきました。主人は「いやいや、実にいい按配に整えてくれたね。将軍様のお庭だって、これほど見事にはなってないでしょうな。さすが熊さんの腕前だ。」「そりゃいくらなんでも、旦那、ほめすぎでさあ。」とか言いながら、熊さんはまんざらでもありません。苦労し工夫したツボを、この旦那はちゃあんと見抜いてくれて、仕事の価値がわかっていてくれるからです。旦那の満足気な顔を見れば、きょう一日の苦労もなにも吹っ飛んじまうのです。

「そよ風の吹くころ、彼らは、神である主が園を歩き回られる音を聞いた」という創世記

3章8節の前半を読むと、こんな風景が浮かびます。あの禁断の木の実の事件までは、一日の仕事が終わった頃、神が園を散歩して来てくださる時が、アダムと妻にとっては何よりの楽しみでした。神は二人にエデンの園の管理を任せ、一日の働きぶりを見て、その労をねぎらってくださるのです。神の似姿に造られた人間にとって、本来、神から託された仕事に励み、そして、神とお交わりすること以上にすばらしく心満たす経験はほかにないのです。御顔を拝するこの時こそ、人にとって生きててよかったと思える時でした。創世記では、神はアブラハムを旅人の姿をして訪ねてくださったり（創世記18：1）、ヤコブと相撲を取ってくださったりさえします（創世記32：24－32）。「園を歩きまわられる主」というのは、後の日にベツレヘムの馬屋に人として生まれ、庶民の中で生活を営まれた神のお姿の予告編でしょう。エイレナイオスは次のように注釈しています。

「園がそのようにきれいで優れたものであったので、神の御言葉は定期的にその中を歩いていた。御言葉は巡り歩き、人と語り合うのを恒とした。これは将来起こるはずのこと、つまり御言葉がどのようにして将来人間の仲間となり、人と語り、人類のあいだに来て、人々に義を教えるようになるか、それを前もってかたどっていたのである。」（「使徒たちの使信の説明」12）

また、アンティオケイアのテオフィロス（c. 180）も「アウトリュコスに送る」第二巻22で次のように言っています。

「しかし神はそれによって万物を造ったという神の言葉は、神の力と知恵であり（Ⅰコリント1：24）、宇宙万物の父である主の姿をとるのであって、この言葉が神の姿で園に現れ、アダムと話したのである」（今井知正訳）と。

（2）神の御顔を避けて

ところが、禁断の木の実を盗って食べてしまった日、神の御顔はアダムと妻にとって、恐怖の的となりました。今や、彼らは「主の御顔を避けて園の木の間に身を隠さ」なければなりません。喜びは恐怖となりました。神は聖いお方なのに、人は罪に満ちているからです。しかも、神の御顔の前で隠すことができるものは何もないからです。アダムの子孫である私たちも同じ経験をします。神が私たちの心の中に刻まれた正義の基準は厳しいもので、少しでも悪いことをするとピッピーと警報が鳴り、私たちは心の中で必死に言い訳をするのです

（ローマ2：14－15参照）。

堕落以来、神の御顔は人にとって恐怖となり、御顔を見る者は死ぬと信じられました（創世記32：30、出エジプト記3：6、イザヤ書6：5など参照）。旧約時代にあっては、親しく神の御顔を見ることが許されている例外はモーセのみでした（民数記12：8参照）。罪を犯したら動物犠牲によって罪を贖うことができるという規定がレビ記には定められたものの、旧約の民はそれで自分の罪がきよめられたという確信を得ることはできませんでした。ですから、毎年動物犠牲をささげなければならなかったのです。旧約時代の動物犠牲は、御子の十字架の犠牲という本体を指し示す影にすぎなかったからです。

律法には来たるべき良きものの影はあっても、その実物はありません。ですから律法は、年ごとに絶えず献げられる同じいけにえによって神に近づく人々を、完全にすることができません。それができたのなら、礼拝する人たちは一度できよめられて、もはや罪を意識することがなくなるので、いけにえを献げることは終わったはずです。ところがむしろ、これらのいけにえによって罪が年ごとに思い出されるのです。雄牛と雄やぎの血

は罪を除くことができないからです。（ヘブル10：1－4）

（3） 神の御顔を見る祝福の回復

神の御子が人となって私たちの間に住まわれ、十字架と復活によって、神との交わりが回復されました。これによって、神の御顔を見るということが祝福として戻ってきました。イエスを信じる者は神の御顔を喜びをもって仰ぐことができるようになったのです。主イエスは山上の祝福において言われました。

「心のきよい者はさいわいです。その人たちは神を見るからです。」（マタイ5：8）

私たちは信仰によって神の御顔を見ていますが、それは古代の銅鏡に映すようにぼんやりと見ている状態です。しかし、究極的な祝福にあずかるときには、「顔と顔とを合わせて見ることに」なります（Iコリント13：12参照）。

もはや、のろわれるものは何もない。神と子羊の御座が都の中にあり、神のしもべたちは神に仕え、御顔を仰ぎ見る。また、彼らの額には神の御名が記されている。

（黙示録22：3―4）

13 結婚――その祝福と限界

(1)「生めよ増えよ」

結婚の目的とはなんでしょうか。

第一は、創世記第一章で神が最初の夫婦を祝福して「生めよ。増えよ。」と言われたように子孫を増やすことです。

第二に、それは、「地を従え」「海の魚、空の鳥、地をはうすべての生き物を支配」するためでした。

神は、人類が神のしもべとして、被造物世界を治めて文化を形成し、神の栄光をあらわすことを望まれました。文化命令と言います。結婚して子どもを授かり、神を愛する家庭を形成することは祝福です。しかし、もし子どもを得ることだけが結婚の主要な目的であり、子どもを得て世界に広がることによって世界を治めることがさらに上位の目的であるならば、子どもを得られなかった夫婦は失敗ということになってしまいますが、そうなのでしょうか？　旧約時代には子を授かることのできない女性たちが、ひどく悲しい思いをしました。また、単に被造物管理が目的の「生めよ。増えよ。」なのでしょうか？

(2)「ふさわしい助け手」

創世記第二章には、もっと詳しく結婚についての定めと教えが記されています。神はアダムにエデンの園を「耕し、守る」という任務をお与えになった後、「人がひとりでいるのは良くない。わたしは人のために、ふさわしい助け手を造ろう」（創世記2：18）と、アダムに妻を与えました。この文脈からは、第一章と同じように、「地を耕し守る」ために、助け手として妻をくださったのだと読みとれます。

しかし、アダムにとって妻が助け手であるとは、単に地を耕す労働力としての助け手であることを意味していません。神はアダムのもとに獣や鳥を連れて来られて、アダムに名前をつけさせました。アダムはこれらに名付けながらも、「ぼくにはふさわしい助け手がいないなぁ」と寂しい思いをさせられました。牛馬ならば労働力としての「助け手」にはなりえたのですが、それらは決して「ふさわしい助け手」ではありませんでした。「ふさわしい」と訳されるのは、「差し向かいの」という意味のことばネゲド（ヘブル語）です。ですから、「ふさわしい助け手」とは、差し向かいの助け手、人格的交流のある助け手、語り合う助け手、心通う助け手、ともに神の前にひざまずいて祈ることができる助け手です。父と子が愛である聖霊にあって交わっていらっしゃる三位一体の神の似姿として造られた男女は、やはり人格的な交わりをして神の愛の共同体をあらわすことを目的として、この世に置かれたのです。

たしかに結婚には、前述のように子孫を増やして、世界管理をする目的もありました。また堕落後の男女に対しては、「淫らな行いを避けるため、男はそれぞれ自分の妻を持ち、女もそれぞれ自分の夫を持ちなさい」（Ⅰコリント7：2）と、目的のひとつは不品行の防止だともあります。しかし、究極的で最大の目的は、夫婦が神の前に祈りつつ愛の共同体を築き、被造物を管理することです。

ですから、神は、その「ふさわしい助け手」を造るにあたって、アダムのあばら骨を利用なさいました。夫婦がひとつであることを実感させるためです。しかも、その時、神はアダムを深い眠りに陥れてから、あばら骨を取って女性を完成させてからアダムのもとにつれて来られました（創世記2：22、23）。なぜ眠らせたのでしょうか。もし部分麻酔で、女性が造られるプロセスをアダムが見ていたら、なんだかアダムにとって妻はロボットのようなイメージとなる危険があったからでしょう。神は女性を造られる間、アダムに深い眠りをお与えになって、二人が人格的出会いができるように配慮なさいました。
アダムは妻に出会ったとき、感激して史上初のなんとも無骨なラブソングを歌いました。

これこそ、ついに私の骨からの骨、
私の肉からの肉。
これを女と名づけよう。
男から取られたのだから。（創世記2：23）

（3） 結婚の究極の目的とその限界

神が最初の夫婦の出会いが人格的な出会いであるようにと配慮をなさったことには、理由があります。それは、結婚というものにこめられた「花婿キリストと花嫁教会の予型」という奥義のゆえでした。新約聖書は次のようにいいます。

「それゆえ、男は父と母を離れ、その妻と結ばれ、ふたりは一体となるのである。」この奥義は偉大です。私は、キリストと教会を指して言っているのです。(エペソ5:31、32)

あるとき、主イエスはサドカイ派がしかけてきた論争のなかで、「死人の中からよみがえるときには、人はめとることも嫁ぐこともなく、天の御使いたちのようです。」(マルコ12:25)とおっしゃいました。復活の日、新天新地では、結婚という制度はなくなってしまうのです。ですから、「この世では結ばれなかったけれど、あの世で……」などというのはかなわぬ望みです。真の神にそむいた人間はなんでも偶像化するので、のぼせ上がって男女の愛、夫婦愛というものを偶像化する場合があります。

冷や水を浴びせるようですが、御国《みくに》では神はふたりを結び合わせてはくださいません。男女の愛、夫婦愛もまたその務めが終わったら消え去るものなのです。完全なものが現れたら、不完全なものは消え去ります。なぜ、復活の日に結婚がなくなるのか。それは、花婿キリストと花嫁教会の婚姻という本体が出現するので、両者のうるわしい交わりを指し示す雛形としての男女の結婚という影の必要がなくなるからでしょう。主イエスの十字架の贖いという本体が現れたとき、影としてそれを指し示していた旧約のもろもろのいけにえの儀式が不必要になったのと同じことです（ヘブル10：1―10参照）。

それにしても、結婚というものが、終わりの日の花婿キリストと花嫁教会の交わりを指差すものだと認識したら、クリスチャンの家庭は結婚をきよい愛に満ちたものとするためにどれほど祈り努めるべきかが実感できるのではないでしょうか。

私はまた、聖なる都、新しいエルサレムが、夫のために飾られた花嫁のように整えられて、神のみもとから、天から降って来るのを見た。（黙示録21：2）

14　働くこと――その祝福と呪い

一時期「やりがい」という言葉が流行しました。しかし、小泉・竹中改革以降、労働者派遣法改正でワーキングプアが大量生産され、背に腹は代えられなくなって、最近は「やりがい」ということばがあまり聞かれなくなりました。しかし、仕事にやりがいを求めることは間違ったことではありません。仕事のやりがいとは何なのでしょうか。

（1）ラクだから楽園？

「エデンの園では、人は仕事などせず一日遊び暮らしていても、たわわに実った果物を食べて、ごろごろしていればよかった。エデンの園はラクだから楽園だった。労働なんかしなくてよいのだ」というイメージを抱く人が多いようです。聖書以外の世界では、労働というのはできればやらないですませたいこととして扱われてきました。古代ギリシャでは労働は奴隷や家畜のすることとされました。パウロがアテネのアレオパゴスを訪ねた時も、ギリシャ人たちは朝から晩まで哲学を論じ合っていました（使徒17：17－21参照）。ギリシャ語で労働にあたることばポノスは苦役という意味をあわせ持っています。ラテン語のラボール（英語レイバーの語源）、フランス語のトラヴァーユ、ドイツ語アルバイトにも、やはり苦役という意味が含まれています。ヨーロッパの知識階級は、今も労働を蔑視する向きがあります。

こうした異教的価値観はキリスト教理解にも影響をおよぼして、カトリック教会には色濃く聖俗二元論があります。聖なる務めは司祭職や修道士のみであって、その他の仕事は俗なるものとされているわけです。

（2）労働は祝福

しかし、聖書によれば、労働は本来、堕落の結果もたらされた呪いではなく、堕落前に神が祝福として人間に与えたものです。労働も本来、聖なるものです。

「神である主は人を連れて来て、エデンの園に置き、耕させ、またそこを守らせた。」
（創世記２：15）

伝道だけが神からの任務ではなく、汗を流し地を耕す労働もまた神からの任務なのです。労働の内容は、地を「耕し」かつ「守る」ことです。「耕す」というのは、ヘブル語で、しもべ（エベド）と同根の語「アバド」が使われていますから、言い換えると「土に仕えること」です。田畑の世話をするというニュアンスです。大地の世話をし、これを守ることが労働です。

大規模単作の化学農法について考えてみましょう。地平線までの畑に、飛行機で化学肥料のみ施し、同じ種をまき、殺虫剤を散布するといったやりかたの農業をすると、最初二年ほどは面白いほど取れますが、まもなく病気が発生します。そこで病気を抑えるために土壌消毒をして土の中の微生物を殺してから種まきをするのですが、地力はどんどん失われます。しかも、地下水を大量にくみ上げての灌漑農法では、地下水に含まれる塩分によって土地は耕作不能になってしまって、耕作放棄地がますます広がっています。米国やオーストラリアは土地がいくらでもあるから、次から次に土地を取り替えればよいということなのでしょう。こうした国々に対抗するために日本でも農業を大規模化すべきだと主張する人々がいますが、日本では農地をひとたび殺してしまったら、もう代わりとなる農地などありません。日本やヨーロッパでは、農地を耕しかつ守る農業でなければならないのです。

土から作物を取ったら、その分は堆肥などで栄養分を補うなり、土を休ませるなりして、連作を避けて輪作体系を組むといった工夫が必要です。旧約聖書の律法には、七年ごとの「安息の年」が定められていました。このように土の世話をしてやることが、「土に仕え、かつ守れ」という神のみこころにかなう農法でしょう。これは農業だけでなく、林業、漁業その他すべての産業において、心すべき態度です。

イスラエルの子らに告げよ。わたしが与えようとしている地にあなたがたが入ったとき、その地は主の安息を守らなければならない。六年間はあなたの畑に種を蒔き、六年間ぶどう畑の刈り込みをして収穫をする。七年目は地の全き休みのための安息、主の安息となる。あなたの畑に種を蒔いたり、ぶどう畑の刈り込みをしたりしてはならない。あなたの落ち穂から生えたものを刈り入れてはならない。あなたが手入れをしなかったぶどうの木のぶどうも集めてはならない。これは地のための全き休みの年である。地の安息はあなたがたに食物をもたらす。すなわち、あなたと、あなたの男奴隷と女奴隷、あなたの雇い人と、あなたのところに在住している居留者のため、また、あなたの家畜と、あなたの地にいる獣のために、その地の収穫はすべて食物となる。(レビ記25：2―7)

(3) 労働に呪いが

アダムが神に背いたとき、本来、人に従順であった被造物・大地に背かれ、労働は苦役としての側面を持つようになりました。神は次のように仰せられました。

「あなたが妻の声に聞き従い、食べてはならないとわたしが命じておいた木から食べたので、大地は、あなたのゆえにのろわれる。あなたは、一生の間、苦しんで食を得ることになる。大地は、あなたに対して、茨とあざみを生えさせ、あなたは、野の草を食べる。」(創世記3：17―19抜粋)

古来、多くの民族において労働という言葉に苦しみという意味が含まれて来たのは理由のないことではありません。今日、過労死の犠牲者がたくさんいるように、人は労働によってからだと心を壊してしまうことが、しばしばあります。他人事ではありません。また、創世記の言うとおり、作物よりも茨やあざみのほうが力が強いのです。

そんな堕落後の世界の現状ですから労働は辛いものです。しかし、神の子であるクリスチャンとしては、この時代、限界がある中にあっても、神を見上げて、一度にすべてではなく少しずつ、本来の祝福としての労働を回復していくことが尊い任務として与えられています。

「被造物は切実な思いで、神の子どもたちが現れるのを待ち望んでいます。」

（ローマ8：19）

15 全被造物の救い

(1) 犬は天国へ?

「少年は牧師のわきに立って、とても大事なことを尋ねた。『もしイエス様にお願いしたら、犬も天国にいけますか? いい犬だったら?』 牧師はこどもを見下ろした。『犬が? 天国に? 冗談じゃない。なんてくだらない質問をするんだ。神様はご自分の息を吹き込んで、われわれに命を与えてくださった。われわれが死ねば天国に行くのは、神さまの息、つまり魂だ。』『でも犬だって息をします。きっとからだの中に神さまの息をもってるんですよ』『ぜったいにそんなことはない』(中略)……いま、自分のいちばんたいせつな友達を失おうとしている。その友達は、けっして不平を言わないし、裏切らないし、しかっても、ひどいことを言っても愛情で答え、かわいがったり、ほめたりすると、心から喜んだ。教会がのぞんでいる資質は、すべてそなえた友だちなのだ。それなのに、ここに立っている教会のえらい人は、少年の忠実な友だちのことを、天国にはいけないという。まったく不公平だ。……」C・W・ニコル氏が自らの少年時代を描いた小説『小さな反逆者』の一節です。これは氏をキリスト教嫌いにさせた決定的出来事となりました。

ところで、この牧師の断言には、どれほど聖書的根拠があるのでしょうか？　伝道者の書の「だれが知っているだろうか。人の子らの霊は上に昇り、獣の霊は地の下に降りて行くのを」（3：21）ということばは、根拠とするにはあいまいです。

（2）全人的救い

神が人間に息を吹き込まれたということは、確かに他の動物と比べたときの人間の特質ですが、他の被造物が神の救いの対象でない物体にすぎないといえるでしょうか。それは、救済ということをあまりにも狭く見た捉え方です。霊のみが救いの対象と考えるのは、デカルト流の精神と物質の二元論であって、聖書を起源とはしていません。

私たちは、「使徒信条」で「我はからだのよみがえり、とこしえのいのちを信ず」と告白します。つまり、私たちは霊だけでなく、からだまるごと救っていただくのです。パウロも言っています。「キリストがあなたがたのうちにおられるなら、からだは罪のゆえに死んでいても、御霊が義のゆえにいのちとなっています。イエスを死者の中からよみがえらせた方の御霊が、あなたがたのうちに住んでおられるなら、キリストを死者の中からよみがえらせた方は、あなたがたのうちに住んでおられるご自分の御霊によって、あなたがたの死ぬべきからだも生かしてくださいます。」（ローマ8：10、11）イエスを信じた者のうちには御霊が住まわれ、肉（神に背く人の性質）と霊の葛藤が始まりますが、復活の日にはからだ全体にも救いが及ぶのです。そのからだは「御霊に属するからだ」（Ⅰコリント15：44）と呼ばれます。

（3）全被造物の救い

さらに、聖書のいう救済とは人間だけの救いを意味してはおらず、全被造物の救いを意味しています。そもそも被造物のかしらである人間が神に背いたために、被造物は虚無に服して「茨とあざみを生えさせ」（創世記3：18）るようになりました。そして、今被造物は「被造物は切実な思いで、神の子どもたちが現れるのを待ち望んでいます。被造物が虚無に服したのは、自分の意志からではなく、服従させた方によるものなので、彼らには望みがあるのです。被造物自体も、滅びの束縛から解放され、神の子どもたちの栄光の自由にあずかります。私たちは知っています。被造物のすべては、今に至るまで、ともにうめき、ともに産みの苦しみをしています。」（ローマ8：19－22）主イエスが再臨し、「正義が住む新しい天と新しい地」をもたらされるとき、全被造物の救いが完成することになるのです（Ⅱペテロ3：13参照）。

滅びは人間の神への反逆から始まり、神に背を向けたときにアダムは、自分のからだに働く情欲を意志でコントロールできなくなり、妻との関係もこわれました。さらに、大地も人間と不和になってアダムは苦しんで食物を得るようになりました。こうした滅びからの救いですから、まず対神関係の正常化に始まり、次に対自分関係の正常化、対隣人関係の正常化、そして被造物との関係の正常化にまで及んでいくのです。そのビジョンをイザヤは次のように述べています。

狼は子羊とともに宿り、
豹は子やぎとともに伏し、

子牛、若獅子、肥えた家畜がともにいて、
小さな子どもがこれを追っていく。
雌牛と熊は草をはみ、
その子たちはともに伏し、
獅子も牛のように藁を食う。
乳飲み子はコブラの穴の上で戯れ、
乳離れした子は、まむしの巣に手を伸ばす。（イザヤ書11：6—8）

（4）人と動物の「会話」……ちょっと推論しすぎかも♪

ところで、創世記3章にひとつ気になることがあります。あなたが動物園でライオンを眺めていると、そのライオンがあなたに向かって「なにをじろじろ見ている。こんな牢屋に私を閉じ込めて何がおもしろい。」と言ったら、びっくりして髪の毛が逆立つでしょう。それなのに、エデンの園で蛇に語りかけられたとき、女は「私たちは、園の木の実を食べてよいのです」（創世記3：2）と平然と答えています。不思議です。

なぜ女は蛇に話しかけられて驚かなかったのでしょう。それは彼女が日常的に動物たちと会話をしていたからではないでしょうか。もちろん人と動物との「会話」は、人間同士の会話とは方法や理解度が異なったでしょうが、堕落以前は、人間と他の被造物との間に、今よりもっと豊かなコミュニケーションがあったと推定されます。だとすれば、主がもたらされる新天新地では、私たちは他の被造物とも親しい交わりを経験できるでしょう。前頁のイザヤの預言のように。楽しみです。

では、最初の問いにもどって「いい犬は天国に行けるのか？」ということです。アカンが罪を犯したときに家族も家畜も滅ぼされたのは、アカンをかしらとする契約に家畜も入っていたからです（ヨシュア記7：24、25参照）。また、ノアの大洪水のとき、神がお選びになったノアをかしらとする契約の中にある動物たちは救われました。とすると、少なくともクリスチャンを飼い主とするペットは新天新地に入れられ得ると推測するのは筋が通っているでしょう。そのときには、犬や猫とのコミュニケーションは今よりはるかによいだろうと思うと、楽しみですね。

16　原福音とアダムの信仰告白

(1)　アダムの子孫

なにか罪を犯してしまったとき、「アダムがあんなふうに善悪の知識の木の実から取って食べなければ、私たち人類は悲惨なことにならなかったのに」とつぶやいたことのある読者がいるのではないでしょうか。しかし、こんな言い訳をするとき、私たちは自分自身があの堕落した夫婦の子孫であることを証明しています。なぜならば、アダムは罪を犯して神から問い詰められたとき、こう言ったからです。「私のそばにいるようにとあなたが与えてくださったこの女が、あの木から取って私にくれたので、私は食べたのです。」また女は言いました。「蛇が私を惑わしたのです。それで私は食べました。」このとき、へびはほくそ笑んだことでしょう。自分の罪を認めず、その責任を他に転嫁する行為が、「私は堕落したアダムと女の子孫です。」と証明しているのです（マタイ23：29―31を参照）。

始祖アダムは罪を犯しました。アダムは契約的に人類の代表ですから、全人類は神の前に有罪となりました。また、その罪の性質が、事実として人類全体にひろがって、わたしたち自身の中にも巣食っています。

（2）死の中にいのちを

さて、最初の夫婦が罪を犯したのち、神から裁きのことばが、蛇・女・男の順にかけられました。ところが、その後、アダムは「妻の名をエバと呼んだ。彼女が、生きるものすべての母だからであった」（創世記3：20）とあります。うつむいていた女は「えっ」と顔を上げて意外なことばにアダムの顔を見つめたことでしょう。これまでのアダムの過ちと、神から下された有罪宣告の顛末を振り返って見てみれば、女に誘惑されてアダムは罪を犯し、大地は呪われ、アダムには死の宣告がなされたのです。

「大地は、あなたに対して茨とあざみを生えさせ、あなたは野の草を食べる。
あなたは、顔に汗を流して糧を得、
ついにはその大地に帰る。
あなたはそこから取られたのだから。
あなたは土のちりだから、
土のちりに帰るのだ。」
人は妻の名をエバと呼んだ。彼女が、生きるものすべての母だからであった。神である主は、アダムとその妻のために、皮の衣を作って彼らに着せられた。（創世記3：18―21）

アダムの妻の名は、「すべて死すべき者の母」とでも呼んだほうが相応しかったのではないでしょうか。けれども、驚くべきことにアダムは妻のことをエバ「生きるものすべての母」と呼んだのでした。どうして、アダムは妻のことを「生きるものすべての母」と名づけることができたのでしょうか。不思議です。前の文脈をたどるとき、その理由はただひとつしか見当たりません。それは、神が蛇に向かって語られた、「わたしは敵意を、おまえと女の間に、おまえの子孫と女の子孫の間に置く。彼はおまえの頭を打ち、おまえは彼のかかとを打つ」（創世記3：15）ということばです。死をもたらした蛇のあたまを打ち砕く、いのちの君の到来が告げられているこの一節です。

アダムは蛇に向かって語られる神の呪いのことばのうちに、いのちの君である「女の子孫」が蛇のすえを打ち砕いて勝利をもたらし、いのちをもたらす日が来るのだという約束を聞き取って、その約束を信じて、妻をエバ「生きるものすべての母」と名づけることができたのでしょう。

こうして見ると、確かにアダムにあって人類に罪と死が入ってきたのですが、また同時に、アダムにあって、来るべきメシヤの到来を信じる信仰というものも始まったと理解することができます。信仰によって、アダムは死の中にいのちを見出しました。また、夫からエバと名づけられた女は、この時どれほど慰めを得たことでしょうか。神の約束をかたく握る信仰は闇の中に光を、絶望の中に希望を、死の中にいのちを見出すことができるのです。

（3）女の子孫

女の子孫から蛇に対する勝利者が出現するという型は、救いの歴史のなかで繰り返し現れます。イスラエルの歴史の節目には、敬虔な母たちの出産があります。アブラハムの妻サラは不妊の女でしたが、神に与えられた約束を夫とともに信じて、ひとり子イサクを得ました。アブラハムが得たイサクは、ひとり子イエスの型であり、モリヤの山での出来事はゴルゴタの丘の出来事のひな型です。

信仰によって、アブラハムは試みを受けたときにイサクを献げました。約束を受けていた彼が、自分のただひとりの子を献げようとしたのです。神はアブラハムに「イサクにあって、あなたの子孫が起こされる」と言われましたが、彼は、神には人を死者の中からよみがえらせることもできると考えました。それで彼は、比喩的に言えば、イサクを死者の中から取り戻したのです。（ヘブル11：17—19）

アブラハムの子孫はヤコブの時代にエジプトに赴き、そこで奴隷とされます。奴隷の地からの解放は、一人の男の子モーセの出産物語から始まります。こうして、イスラエルの歴史の新しいページが開かれました（出エジプト記1章）。ここでも「女の子孫」による奴隷状態からの解放が型として記されています。

カナンの地に入って、イスラエルはしばらくの暗黒時代を歩むことになりますが、その時代に神のことばの光をもたらし、王国時代を来たらせたのは預言者サムエルでした。そのサムエル記もまた、一人の神を畏れる母ハンナの出産物語によって始まっているのです（Ｉサムエル記1章）。

そして、イエス・キリストの登場にあたって、マタイ、ルカ両福音書の記者は、それぞれの特色ある筆致で、処女マリヤの出産の出来事を記しています。イエスこそ、まさしくアダムが死の中にいのちを見出して待望した、蛇の頭を踏み砕く「女の子孫」にほかなりません。

さらにパウロはこのキリストに連なる私たちクリスチャンが、サタンを踏み砕くのだと語ります。

平和の神は、速やかに、あなたがたの足でサタンを踏み砕いてくださいます。

（ローマ16：20）

17 ケルビムを取り除く方

(1) ケルビム

アダムとエバが神に反逆したので、ふたりはエデンの園から追放されることになりました。そして、だれも「いのちの木」に近づくことができないように、園の東側にケルビムが配置されたのです。「こうして神は人を追放し、いのちの木への道を守るために、ケルビムと、輪を描いて回る炎の剣をエデンの園の東に置かれた。」(創世記3:24)ケルビム(複数)とは御座を守る天使です。ケルビムは、いのちの木にふさわしくない者が近づいて、その実を食べて「永遠に生きることがないように」と、炎の剣で園を守ったのです。

いのちの木は神との交わりを象徴しているものです。神に反逆した人間は、神との交わりこそいのちであるのに、罪があるので神に近づけないというディレンマの中に置かれています。これは教会における戒規に似ています。聖餐の定めのことばの中に次のようにあります。

「したがって、もし、ふさわしくない仕方でパンを食べ、主の杯を飲む者があれば、主のからだと血に対して罪を犯すことになります。だれでも、自分自身を吟味して、そのうえでパンを食べ、杯を飲みなさい。みからだをわきまえないで食べ、また飲む者は、自分自身に対するさばきを食べ、また飲むことになるのです。」（Iコリント11：27–29）

神の前に罪を認めて告白し、イエス・キリストの十字架の贖いに信頼して御前に立ち返ることが必要です。それを抜きにして、主との交わりに入ろうとすることは危険なことなので、ケルビムは「いのちの木」への道を守っていました。

(2) 至聖所の垂れ幕のケルビム

時代はくだってモーセの時代、主はモーセに対してアブラハム契約に基づいてシナイ山で契約をお与えになります。その趣旨は、主が恵みによってイスラエルをエジプトから救い出し、ご自分の民として、約束の地を相続させてくださるということでした（出エジプト記6：

6―8参照)。内容はアブラハムに対する約束と重なりますが、モーセに与えられたシナイ契約の特徴は、〈主が救い出した民の中に住まわれる〉という点です。律法とは聖なる神とともに生活するためのルールでした。そして、神は、ご自分がイスラエルの民の中に住まわれることのシンボルとして、幕屋を造るようにモーセに命じました。ですから、出エジプト記の内容は、〈エジプト脱出・律法・幕屋建設〉という三つのことから成っています。出エジプト記末尾の結びの部分には、主が竣工した幕屋に住み始められたことを示す栄光が満ちました。

また、幕屋と祭壇の回りに庭を設け、庭の門に垂れ幕を掛けた。こうしてモーセはその仕事を終えた。そのとき、雲は会見の天幕をおおい、主の栄光が幕屋に満ちた。モーセは会見の天幕に入ることができなかった。雲がその上にとどまり、主の栄光が幕屋に満ちていたからである。(出エジプト記40:33―35)

さて、幕屋の中心には聖所があり、聖所の中は分厚い幕で仕切られました。神は、その分厚い幕の奥の至聖所に臨在を現わされました。至聖所に入ることが許されたのは、大贖罪の日に大祭司だけであり、その大祭司でさえ勝手な時に入るならば、主の聖なる臨在に打たれて死んでしまいます（レビ記16：2、ヘブル9：7参照）。

聖所と至聖所を隔てる分厚い垂れ幕は、「青、紫、緋色の撚り糸、それに撚り糸で織った亜麻布を用いて、垂れ幕を作る。これに意匠を凝らしてケルビムを織り出」さなければなりませんでした（出エジプト記26：31）。垂れ幕の向こうは主の臨在が著しく現れるところで、エデンの園を意味しています。エデンこそアダムが経験していた神との交わりの場なのですが、罪がきよめられていない者は聖なる主に近づけません。垂れ幕に織り出されたケルビムは、エデンの園の東に配置されたケルビムを表現しているわけです。この聖所と至聖所を隔てるケルビムの幕は、その後、ソロモン以後の神殿にも引き継がれていきます。

(3) ケルビムの垂れ幕は廃棄された

ところが、主イエスが十字架にかかっていのちを捨てられたとき、聖所と至聖所を仕切る垂れ幕が上から下に真っ二つに引き裂かれました。

しかし、イエスは再び大声で叫んで霊を渡された。すると見よ、神殿の幕が上から下まで真っ二つに裂けた。地が揺れ動き、岩が裂け、（マタイ27：50、51）

ケルビムの幕を上から下に真っ二つに引き裂いたのは、神ご自身でした。神は、もはやケルビムの幕は無用であるとして、廃棄されたというわけです。それは神がその臨在を現わされる至聖所への道が、イエス・キリストの死によって開かれたからです。

しかし、それは罪がきよめられていようといまいと、誰でも無条件で聖なる神の懐に飛び込むことができるようになったという安易な意味ではありません。旧約時代、神は罪に関してうるさいことをいう恐ろしい親父だったけれど、新約時代になってからは、心を入れ替えてもう厳しいことを言わないで包み込んでくれる母性的神に変貌したということではないのです。真の神は旧約時代であれ新約時代であれ「死ぬことがない唯一の方、近づくこともできない光の中に住まわれ、人間がだれ一人見たことがなく、見ることもできない方。」（Ⅰテモテ6：16）

この光の中に住まわれる近づきがたい聖なる神に、私たちが大胆に近づくことができるようになったのは、ひとえにイエス・キリストの贖罪のみわざのゆえです。神の御子が、人となって来られて、十字架上でご自分の肉体にゲヘナの呪いを受けてくださったので、その犠牲のゆえに、私たちは罪赦されきよめられた者とされたのです。キリストを抜きにして、私たちは聖なる神に近づくことは不可能です。ただイエス・キリストの受肉と十字架による贖いを根拠としてのみ、私たちは父なる神のみもとに行くことができます。

イエスはご自分の肉体という垂れ幕を通して、私たちのために、この新しい生ける道を開いてくださいました。（ヘブル10：20）

神は唯一です。神と人との間の仲介者も唯一であり、それは人としてのキリスト・イエスです。（Iテモテ2：5）

18 「俺流」の礼拝はだめ

しばらく時が過ぎて、カインは大地の実りを主へのささげ物として持って来た。アベルもまた、自分の羊の初子の中から、肥えたものを持って来た。主はアベルとそのささげ物に目を留められた。しかし、カインとそのささげ物には目を留められなかった。それでカインは激しく怒り、顔を伏せた。（創世記４：３―５）

（1） 三つの解釈

なぜ神はアベルの献げ物には目を留めて、カインの献げ物には目を留められなかったのでしょうか。

三つの解釈があります。第一の解釈は、神がどの人間の献げ物を受け入れるかどうかは、神の主権に属することであって、人間は云々できないのだという説です。確かにそれは神の主権に属することですが、捧げものに関する基準について秘密にしているわけでなく、後に与えられるレビ記などでは神は人間に丁寧に教えてくださっています。

創世記4章7節で、神はカインに対して「もしあなたが良いことをしているのなら、受け入れられる。しかし、もし良いことをしていないのであれば、戸口で罪が待ち伏せている。罪はあなたを恋い慕うが、あなたはそれを治めなければならない」とおっしゃっています。ここから推論すれば、カインは正しいささげ物とは何かを知っていながら、あえて正しく行わなかったから受け入れないのだと神はおっしゃっているようです。

第二の解釈は、捧げ物は動物犠牲でも地の産物でもよかったが態度が違ったという解釈です。『チェーン式新改訳聖書』の脚注には、「主がアベルのささげ物に目を留められたのは、ささげ物に対する彼の態度である」とあります。新改訳聖書第一版から第三版までは翻訳は、ことさらにアベルの態度が良かったという印象を与えるものになっているのは、この解釈を背景としているのでしょう。

ある時期になって、カインは、地の作物から主へのささげ物を持って来たが、アベルもまた彼の羊の初子の中から、それも最上のものを持って来た。主はアベルとそのささげ

物とに目を留められた。(3、4節、第三版)

4節は口語訳聖書、文語訳聖書では単に「肥えたもの」とあるだけで、「最上のもの」とはなくて、単に「肥えたもの」とあるだけです。新改訳2017では「肥えたもの」と普通の訳に改められています。

第三の解釈は、アベルは動物犠牲をささげたが、カインは大地の産物をささげたからだという理解です。その根拠はなんでしょうか? 第一に創世記第4章に書かれていることで、両者の礼拝の単純明白な違いは、羊か地の産物かという一点だけです。「カインは農夫だから農産物をささげるほかなかったじゃないか?」という人がいるかもしれません。そんなことはありません。カインは、アベルに頼んで「肥えた羊を、農作物と交換して譲ってくれ」と言えばよかっただけのことです。あえてそうしなかったところに、カインの問題を感じます。

カインとアベルは、動物の犠牲の血が流されて自分たちの罪が覆われたという経験をした父母から、「罪が赦されるためには血が流されなければならない」という、聖書的礼拝の根本原則を幼いころから教えられていたはずです。しかし、カインはあえて、神の求めに背いて、俺流のささげ物を神の前に持ってきたということでしょう。「俺が畑で汗水たらして作った作物なのだから、神が受け入れてくれないはずはない。」という勝手な思いやプライドがカインにはあったのだと思います。

(2) 礼拝の根本原理 「血を注ぎだすことがなければ」

モーセ五書（創世記、出エジプト記、レビ記、民数記、申命記の総称。）の中で最初の礼拝の記事であるこの箇所は、礼拝の根本原理、聖書的宗教の本質を教えています。神は、アダム以来罪に落ちてしまった私たちの礼拝に関して、「血を流すことがなければ、罪の赦しはありません」（ヘブル9：22）という根本原理をお定めになっています。旧約聖書レビ記における祭儀のなかには、全焼のいけにえ、罪のためのささげ物、和解のいけになどとともに、穀物のささげものというものも含まれていますが、穀物のささげものは単体で献げ物ではなく、血を流す生贄といっしょにささげられるものだったようです。

旧約時代には牛や羊の動物犠牲が繰り返しささげられましたが、それらはキリストの十字架の犠牲という本体を指差す影でした。キリストの十字架の死による代償的贖罪を抜きにして、私たちの礼拝は成り立ちません。キリストを抜きにして、私たちは父なる神に近づくことはできないのです。キリスト教は「みんながキリストの愛に満ちた生き方をまねして生きて行けば世界は平和になる」という道徳ではありません。キリスト教信仰とは、私たちが神と和解するためには、キリストの十字架の死と復活が必須であったと主張する代償的贖罪の信仰なのです。新約の教会では、聖餐式がそれを明瞭に表しています。

カインは「俺流」の奉献物を神に押し付けようとしました。礼拝は、人間が心をこめてさえいれば、自分流でささげればよいというものではなく、礼拝を受けてくださる神様がお定めになった原則にしたがってささげなければなりません。礼拝に心をこめることは大事なことです。冷たい形ばかりの礼拝は神に喜ばれません。しかし、その心をこめるべきポイントは、自分たちの気分が高揚するということでなく、神のみことばにかなうことに関してなのです。大祭司アロンの息子ナダブとアビフは異なる火を神の前にささげて、神の火に焼かれてしまいました（レビ記10：1、2）。また、サウル王は預言者サムエルがささげるべき神へのささげものを、王である彼がささげて神の怒りをこうむりました（Ｉサムエル記13：8―14）。

神は、私たちの日常の行動については、私たちの自由裁量に相当まかせています。けれども、こと礼拝については、神は人間が偶像を工夫したりして、さまざまな自己流あるいは異教的な工夫を付け加えることを禁じています。

「あなたがたは、私があなたがたに命じるすべてのことを守り行わなければならない。これにつけ加えたり減らしてはならない」（申命記12：32）というのが礼拝の原則です。

19　原罪と都市文明

（1）原罪

エバはみごもって男の子を得たとき、喜びをもって「『私は、主によって一人の男子を得た』と言った」とあります（創世記4：1）。おそらく、エバは神が約束されたように「女の子孫」が蛇の頭を踏み砕くとおっしゃった約束がこの男の子によって成就されるのだと期待したからでしょう（創世記3：15）。けれども、日に日に育っていくわが子を見ているうちに、夫アダムも妻エバも暗然たる思いにとらわれます。子どもは幼くても、自分たちの罪を引き継いで生まれてきていることが、明らかになってきたからです。特に弟アベルが生まれると、幼い子どもたちの間にも毎日のように争いが起こるようになりました。原罪です。

ご覧ください。私は咎ある者として生まれ
罪ある者として、母は私を身ごもりました。(詩篇51：5)

「こういうわけで、ちょうど一人の人によって罪が世界に入り、罪によって死が入り、こうして、すべての人が罪を犯したので、死がすべての人に広がったのと同様に――」(ローマ5：12)とあるとおりです。

カインは人類の歴史上初の人殺し、しかも兄弟殺しをしてしまいます。アダムにおいて入ってきた原罪は、事実として全人類に遺伝しています。

(2) カイン族と文明

弟を殺害したカインに対して、神は次のように仰せになりました。

「いったい、あなたは何ということをしたのか。声がする。あなたの弟の血が、その大地からわたしに向かって叫んでいる。今や、あなたはのろわれている。そして、口を開けてあなたの手から弟の血を受けた大地から、あなたは追い出される。あなたが耕しても、大地はもはや、あなたのために作物を生じさせない。あなたは地上をさまよい歩くさすらい人となる。」（創世記4：10―12）

カインは土地に呪われました。彼は、主に尋問されても悔い改めず、去ってしまいます。そして彼が住み着いたのは、エデンの東、ノデ。ノデというのは「さすらい」という意味です。からだは住み着いても、心はさまよっているのです。

神に背いて去ったのはカインだけでなかったようで、アダムの娘たちのうちからカインの妻となる者が出て、やがてカインは町を建てました。都市文明の始まりです。ジャック・エリュールは著書『都市の意味』のなかで「都市の歴史がカインによって始まるということは、数多ある些末事のひとつとみなすべきではないのだ。」と指摘しています。文化形成は神の命令ですが、堕落後の人類の歩みを見るときに、都市が、カインの刻印を帯びているということに気付きます。その一つは土との疎遠な関係です。都市の形成は土地にのろわれた人類の土に対する復讐のようです。都市は石畳やコンクリートで地面を覆って、都会人は土から疎遠に過ごし、「泥臭い」ことを軽蔑します。

他方、神はアベルを失ったアダムとエバにセツという息子を与えます。セツとその子孫は祈りをもって神に仕える一族となりました。

アダムは再び妻を知った。彼女は男の子を産み、その子をセツと名づけた。カインがアベルを殺したので、彼女は「神が、アベルの代わりに別の子孫を私に授けてくださいました」と言った。セツにもまた、男の子が生まれた。セツは彼の名をエノシュと呼んだ。そのころ、人々は主の名を呼ぶことを始めた。（創世記4：25、26）

エノシュという名は「弱い」ということを意味していました。弱さのなかで、この一族が主の名を呼び始めたのです。貧しい者、悲しむ者は幸いだという山上の祝福を思い出します。ところで、もろもろの華々しい文明はセツ系の民のうちにではなく、カインの子孫に生み出されていきます。

アダはヤバルを産んだ。ヤバルは天幕に住む者、家畜を飼う者の先祖となった。その弟の名はユバルであった。彼は竪琴と笛を奏でるすべての者の先祖となった。一方、ツィラはトバル・カインを産んだ。彼は青銅と鉄のあらゆる道具を造る者であった。トバル・カインの妹はナアマであった。（創世記４：20―22）

家に住む者、牧畜、音楽、鉱業・冶金業を始めたのはカインの子孫でした。聖書は文明を全否定しているわけではありません。しかし、都市と文明がカインの一族から生まれたということから、学ぶべきことがあります。それは創世記４章16節に「カインは神の前から去って」とあるように、神なしで生きて行くぞという人間の思いから文明が生まれてきたということです。神の守りを信じられないので、家の周りに垣根や城壁を築き、敵を攻撃するために武器を生み出したのです。都市と文明はカイン族にとって、神に代わるものでした。

そして、神に反逆したカイン族の力こそ神なりとする思想は、最初の一夫多妻主義者レメクのことばによく表現されています。

レメクは妻たちに言った。
「アダとツィラよ、私の声を聞け。
レメクの妻たちよ、私の言うことに耳を傾けよ。

私は一人の男を、私が受ける傷のために殺す。
一人の子どもを、私が受ける打ち傷のために。
カインに七倍の復讐があるなら、
レメクには七十七倍。」（創世記４：23、24）

しかし、力を神とする文明によって本当に人間は自律し、自由になれるのでしょうか。いいえ。私たちは現代人が文明の奴隷になっているという事実を見るのです。金銭の奴隷、核兵器の奴隷、物質主義の奴隷です。

そこで神は、彼らをその心の欲望のままに汚れに引き渡されました。そのため、彼らは互いに自分たちのからだを辱めています。彼らは神の真理を偽りと取り替え、造り主の代わりに、造られた物を拝み、これに仕えました。（ローマ１：24、25）

神に背を向けて文明を築くとき、人は自分の人生の目的が神を愛することと、隣人を愛することであることを見失い、文明を崇拝する奴隷となります。本来、文化的営みの一切は、神を愛すること、隣人を愛するという目的に奉仕するための手段にすぎません。ところが神に背いた人間は科学至上主義、芸術至上主義、経済至上主義などの思想的偶像崇拝に陥ってしまいました。

真の自由は、被造物ではなく、創造主なる神をあがめるところにこそあります。人間の真の自律は神に背くところにはなく、神に仕えるところにあります。文明は目的でなく手段であることを常にわきまえて、真の神を愛し、隣人を愛することであることを忘れないようにしたいものです。

20　アダムからノアまでの系図

系図のメッセージの読み取り方は、三点あります。第一は全体の構造に着目することです。第二は「大切なことは繰り返される」という原則です。第三は特筆されていることに着目することです。創世記五章の系図は私たちに何を告げているのでしょうか。

(1)　アダム↓セツ↓ノアという構造

洪水前の世代を数えてみると、アダムからノアまで十代です。他方、十一章の洪水後のセムからアブラムまでの系図を数えると、こちらも十代です。古代の系図記述法にならって七代とか十代で整理をして書く方法がとられているのでしょう。マタイ福音書のイエスの系図では、十四代・十四代・十四代と整理されています。

ただ創世記五章の場合は「Aは何年生きて、Bを生み、そして何年生きた。」という書き方で、人名が省かれたとは考えにくい気がしますが、「Aは何年生きて、Bの先祖にあたる者を生み、何年生きた。」という意味で「Aは何年生きて、Bを生み、そして何年生きた。」と記述されることもあるそうですから、寿命を足して地球の古さを計算するのは無駄です。

さて、創世記五章の系図が告げようとしていることの第一は、その始まりと終わりを見てみれば、あきらかにノアの来歴です。アダムからノアにつながっていく人名だけが記されています。敬虔なセツの子孫にノアが出現したことを告げているのです。

(2) 罪と死……繰り返される表現

さて、創世記五章の系図を読んで不思議に思うのは、寿命がたいへん長いことです。平均寿命はおおよそ九百年。これは個人の寿命ではなく部族とか王朝の長さではないかという説もありますが、「何百何十何年」という厳密さからみて、これはやはり個人の寿命です。大洪水の前は「大空の上にある水」(創世記1:7)にさえぎられて有害な宇宙線が地上に降り注いでいなかったので、寿命が長かったのだという人々もいますが、よくはわかりません。

大洪水直前に神が「人の齢は、百二十年にしよう」（6：3）とおっしゃったので、大洪水後、人の寿命は今日程度に短くなっていきました（11章）。

神が「人の齢は、百二十年にしよう」と決断された背景には、「地上に人の悪が増大し、その心に図ることがみな、いつも悪に傾く」（創世記6：5）ということがありました。原罪を抱えた人がいたずらに長生きすると、罪を犯すことに慣れてしまうのでしょう。

また、この系図を音読してみると、「こうして彼は死んだ」という表現が繰り返されていることに気づきます。彼らはことごとく死にました。「しかし、善悪の知識の木からは、食べてはならない。それを取って食べるとき、あなたは必ず死ぬ。」（創世記2：17）とおっしゃった主のことばは、ここに確かに成就しました。アダムだけでなく、アダムから出た子孫すべてに死が入ってきたのです。

（3）エノクは神とともに歩んだ……特筆事項を読み取る

さて、この系図のなかに例外がいます。それは平均寿命九百歳という記録の中に、ただひとり三百六十五年で世を去った人がいたことです。

エノクは六十五年生きて、メトシェラを生んだ。エノクはメトシェラを生んでから三百年、神とともに歩み、息子たち、娘たちを生んだ。エノクの全生涯は三百六十五年であった。エノクは神とともに歩んだ。神が彼を取られたので、彼はいなくなった。

（創世記5：21―24）

エノクがいなくなったとき、人々はエノクの行方を探したことでしょう。しかし、やがて彼らは、神がエノクを取り上げられたのだという啓示を受けました。エノクは死を見ることのないままに、神のもとに連れ去られたのです。

地上に残された人々はエノクの思い出を語り合います。「エノクの生涯をひとことで表現することばは何がいいだろう？」すると異口同音に「『エノクは神とともに歩んだ』という一語に尽きるじゃないか。」ということになったのでしょう。このわずか四節の中に、「エノクは神とともに歩んだ」というフレーズが二度も出てきます。

ところで今もしあなたが突然世を去って記念会が開かれたなら、人は「彼は（彼女は）何とともに歩んだ」と言うのでしょうか？　クリスチャンなら「彼はカネとともに歩んだ」「彼女は欲とともに歩んだ」などというのではなく、「彼は、（彼女は）神とともに歩んだ」と要約されるような人生を歩むことができたら、と願うことです。

もっとも、エノクは必ずしも最初から「神とともに歩んだ」というわけではなかったようです。彼の人生の転機は六十五歳のとき、息子の誕生の日に訪れました「エノクはメトシェラを生んで後、三百年、神とともに歩んだ。」とあります。息子の誕生に際して、なにがあったのかは分かりませんが、この息子の誕生の日を境に、エノクは神とともに歩むようになったのです。

ある日、エノクさんが野を散歩をしていました。いつものように神とともに語らいながら行く道はなんと楽しいことでしょうか。時がたつのも忘れて語らううち、気がつくともう夕日が西の山の端に近づいています。神がおっしゃいました。「エノク。今日はずいぶん遠くまで歩いてしまった。少し早いが、うちに来ますか。」エノクは「そうですねえ。そうさせていただきましょうか。」こうして、神がエノクを取られたので、彼はいなくなったのでした。

エノクの出来事は、主イエスが再臨のときに、聖徒をみもとに引き上げられることとして読めます。私たちもエノクのように、主とともに歩みたいですね。

すなわち、号令と御使いのかしらの声と神のラッパの響きとともに、主ご自身が天から下って来られます。そしてまず、キリストにある死者がよみがえり、それから、生き残っている私たちが、彼らと一緒に雲に包まれて引き上げられ、空中で主と会うのです。こうして私たちは、いつまでも主とともにいることになります。（Ⅰテサロニケ4：16、17）

21 大審判前夜

洪水前の日々にはノアが箱舟に入るその日まで、人々は食べたり飲んだり、めとったり嫁いだりしていました。洪水が来て、すべての人をさらってしまうまで、彼らには分かりませんでした。人の子の到来もそのように実現するのです。（マタイ24：38、39）

主イエスは、このように、ノアの大洪水をご自分の再臨と最後の審判の型であると語られました。ですから、最初に造られた世界に対する神の大洪水によるさばきを学ぶならば、主の再臨へのよい備えとなるでしょう。

（1） めとったり、嫁いだり

神に背き、己が力で築いた都市文明を誇りとしてきたのがカイン族でした（創世記4：16–24）。他方、死んだアベルの代わりに神がアダムとエバに与えた息子セツから出た一族は、己の無力のなかで主の御名を呼ぶ祈りの民として歩みました（創世記4：25、26）。世的にいえば、羽振りがよかったのはカイン族で、セツ族はいかにも地味です。けれども、セツ族こそ、神を知る幸いな一族でした。両部族は、もともと異なる価値観のもとに生きていました。しかし、時を経るにつれて、カイン族とセツ族は近づき入り混じってしまいます。いや混じるというよりも、セツ族はカイン族の価値観に呑みこまれてしまい、ついには神を畏れる人はただノアだけになってしまうのです。それは男女交際と結婚のあり方に典型的に現れてきました。

さて、人が大地の面に増え始め、娘たちが彼らに生まれたとき、神の子らは、人の娘たちが美しいのを見て、それぞれ自分が選んだ者を妻とした。（創世記6：1、2）

ここにある「神の子ら」を天使と解釈する人もいますが、御国における人間は「めとることも嫁ぐこともなく、天の御使いたちのようです。」（マルコ12：25）と主イエスがはっきりと言われましたから、天使の結婚はありえません。ここは創世記4章、5章の流れのつながりから、「神の子ら」と呼ばれているのは、セツ族の男たちを意味しており、「人の娘たち」はカイン族の娘たちを意味していると理解するのが適切ではあると思います。

セツ族の青年たちは「神の子ら」と呼ばれるのですから、一族の伝統から言うならば、結婚に関しても、なにより神のみこころを求めて祈り、相手を選ぶべきでした。ところがノアの時代には彼らは神の御心などそっちのけで、カイン族の娘たちがいかにも美しいのを見て、好きな者を選んで結婚するようになってしまったのです。敬虔なセツ族の娘たちの清楚な美しさには目を留めず、着飾ったカイン族の娘たちの淫靡な魅力にひかれてしまうようになったというわけです。性の乱れ、そして結婚の乱れということが、大審判前夜の社会の風潮でした。性の乱れは結婚と家庭を破壊します。破壊された夫婦は、そこに育てられる子どもたちの心を壊し、ついに社会全体を腐敗させます。こうして終末的様相はいよいよ深くなっていきました。

聖書は結婚・夫婦・家庭を重んじます。だからこそ、サタンは最初からアダムとエバという夫婦に攻撃の矢を射掛けて来ました。堕落したノアの時代にも、やはり神のみこころを無視して「めとったり、嫁いだり」していました。現代もまさに同じ状況ではないでしょうか。

キリスト者にとって結婚で肝心なことは、「好きな者を選ぶ」ことでなく神のみこころです。

(2) ネフィリムたち

神のみこころに無関心な名ばかりの「神の子ら」であるセツ族の男たちと、神に反逆するカイン族の女たちが結ばれた家庭には、どのような子が育つのでしょうか。

当時もその後も、地上にはネフィリムがいた。これは、神の子らが人の娘たちのところに入って産ませた者であり、大昔の名高い英雄たちであった。(新共同訳、創世記6：4)

ネフィリムというのは巨人族とされるので肉体的にも巨大であったかもしれませんが、それと同時に、その心が傲慢によって巨大に膨れ上がっていた人々であったと解するのが適当だろうと思います。レメクに連なるネフィリムたちは、この世で権力と富と名誉とを得ることが人生の成功であるという種類の人々です。そういうネフィリムたちをこの世は英雄とほめそやす時代でした。神は、そのような世のありさまをご覧になりました。

主は、地上に人の悪が増大し、その心に図ることがみな、いつも悪に傾くのをご覧になった。(創世記6:5)

(3) ノアは神とともに歩んだ

こうして、主は「地上に人を造ったことを悔やみ、心を痛め」(創世記6:6)ついに決断されたのです。「わたしが創造した人を地の面から消し去ろう。人をはじめ、家畜や這うもの、空の鳥に至るまで。わたしは、これらを造ったことを悔やむ」(同6:7)と。

「愛の反対はさばきである。ところで神は愛である。したがって、神はさばくことは決してなさらない。」こんなことを教える人々がいます。そして、さらに彼らは「最後の審判や地獄などは、教会が信者を脅して支配するために勝手に作り出した作り話である。」と続けます。たしかに、神は忍耐強い愛のお方です。けれども、神は正義のお方ですから、あくまでも悔い改めようとしないこの世を最終的にはお裁きになる日が必ずやってくると聖書は告げています。

霊的・道徳的に暗黒の世界でした。「しかし、ノアは主の心にかなっていた。……ノアは正しい人で、彼の世代の中にあって全き人であった。ノアは神とともに歩んだ」（創世記6：8、9）とあります。罪の世にあって罪に染まらない秘訣は、常に神とともに歩むことをおいてほかにありません。

22 大洪水

(1) 大洪水の期間と規模

大洪水とノアの航海の期間は、ノアの生涯の600年目2月17日に始まり、601年目の2月27日ですから(創世記8:14)、1年と10日間です。ただし当時の暦が一年365日であったか、360日であったか、はたまた別の日数であったかは不明です。

降雨は40日間続きましたが、増水は150日間続きます(同8:24)。それは、ノアの舟が浮かんでいるあたりでは雨が止んだけれども、他の地域ではなお雨が降りつづけていたのか、あるいは、「大いなる水の源」(同7:11)という地下水源から水が噴出していたからでしょう。

大洪水の規模については、これをユーフラテス盆地を覆ったとする地域限定説と、地球全体を覆ったのだとする地球規模説があります。地域限定説は、「水は地の上にますますみなぎり、天の下にある高い山々もすべておおわれた」（同7：19）という記述は、当時の人々の世界観のなかでの「天の下」か、あるいは記述者の視点からの表現であるとします。たしかに、ルカ伝でも「全世界の住民登録をせよという勅令が皇帝アウグストゥスから出た」（ルカ2：1）とありますが、その「全世界」はローマ帝国全土を意味するにすぎませんから、同じように創世記で「天の下」というのが当時の世界観における世界を意味すると解釈することも無理ではありません。実際にノアの視点から見えたのはせいぜい箱舟の周囲百キロ程度にすぎなかったでしょうから、地球上のすべての山々がおおわれたのを実際に見ることができたはずもありません。また、神の裁きの目的はノアの家族以外の全人類を滅ぼすことにあったので、当時、人々が住んでいた全地域を洪水が覆い尽くせば、こと足りたのは事実です。

しかし、地域限定説の弱点は、箱舟が漂着したアララテ山は海抜5100メートルもあることです。ユーフラテス盆地の大洪水では、たとえ大洪水にともなう地殻変動が起こる前のアララテ山が海抜300メートルの小山であったとしても頂上まで水が届きません。地域限定説の場合、アララテ山は別のごく低い丘を指していると言わねばならなくなります。

他方、地球規模説の場合、「天の下にある高い山々も、すべておおわれた」ということばは、神の視点からのことばです。地球規模の大洪水があったならば、当然その痕跡が全世界に残っているはずです。地球規模説に立つ人々は、地表の多くの部分を覆うカンブリア紀から新生代に至る地層がその痕跡であると主張します。

地球規模説に対して向けられる疑問の一つは、「アララテ山までもおおったという水はいったいどこから来て、どこへ行ったのか。たとえ南極と北極の氷がすべて溶けても、海面は数メートル上昇するだけではないか」ということです。これに対して地球規模説論者は、あの大量の水は創世記1章7節の「大空の上にある水」および、「巨大な大いなる水の源」(同7:11)という大洪水前の地下水から来たのだという仮説を提示しています。では、ひとたび地表前面をおおった水はどこに行ったのかというと、洪水前、地表は全体として平坦で深い海もなかったから水は全地表を覆うことができた。だが大洪水には大地殻変動が伴い、山々が高くなり、海は深くなったので、かつて全地表を覆った水は深くなった海に集ったのだと説明しています。そして、聖書のことばとしては、次の詩篇のことばを引用します。

あなたは地をその基の上に据えられました。
地は　とこしえまでも揺るぎません。
あなたは　大水で
衣のように地をおおわれました。
水は　山々の上にとどまりました。
水は　あなたに叱られて逃げ
あなたの雷の声で急ぎ去りました。
山を上り　谷を下りました。
あなたがそれらの基とされた場所へと。
あなたは境を定められました。
水がそれを越えないように
再び地をおおわないように。（詩篇104：5―9）

創世記の記述を素直に読めばノアの大洪水は地球規模であったとするほうが、すんなり読めるように思います。

(2) 神の主権とノアの応答

次に、ノアの大洪水の記事の特徴は、洪水が徹頭徹尾、神の主権によって進められたということと、ノアはこの神の主権に服従したということが強調されていることです。

神が地をご覧になると、見よ、それは堕落していた。すべての肉なるものが、地上で自分の道を乱していたからである。神はノアに仰せられた。「すべての肉なるものの終わりが、わたしの前に来ようとしている。地は、彼らのゆえに、暴虐で満ちているからだ。見よ、わたしは彼らを地とともに滅ぼし去る。」（創世記6：12、13）

このように、ことは神のことばから始まります。流体力学上、復元力最大といわれる箱舟の設計図を示され、その建造と、中に入る人間と生物と食糧について、神がお命じになると、「ノアは、すべて神が命じられたとおりにし、そのように行った」（創世記6：22）とあります。準備が完了し、七日たつと洪水が来るから箱舟に入ることを命じられると、「ノアは、すべて主が彼に命じられたとおりにし」ました（創世記７：５）。ノアの神のことばへの服従は、さらに16節でもう一度念を押されます。「入ったものは、すべての肉なるものの雄と雌であった。それらは神がノアに命じられたとおりに入った。」そして、選ばれた生き物たちが入った後、箱舟の戸を閉じたのは、主でした。「それから、主は、彼のうしろの戸を閉ざされた。」（創世記７：16）この出来事は最後の審判を思わせます。箱舟の戸は主がお閉めになります。最後の審判においてもそうです。扉の外の人々は、泣いて歯軋りするのです。

さて雨は40日間続き、１５０日間増水しましたが、水が引き始めるのも主のみわざです。「神は、ノアと、彼とともに箱舟の中にいた、すべての獣およびすべての家畜を覚えておられた。神は地の上に風を吹き渡らせた。すると水は引き始めた。」（創世記８：１）この「風」と訳されることばルアハは「霊」とも訳されることばで、創世記１章２節では霊と訳されています。この箇所は創世記１章と対応しているので、「霊」と訳したほうがより適切でしょう。最初の創造のときのように、神の霊が地上に秩序と生命を与えられたのです。

ついに洪水が終わって、ノアが舟から出るのもまた、主のご命令によります。すでに雨は止み、地の面はかなり乾いていたのですが、ノアは決して自分の判断で外に出ようとはしませんでした。ノアは、この裁きは主によって始められた以上、主によって終わるのだと確信していたからです。

神はノアに告げられた。「あなたは、妻と、息子たちと、息子たちの妻たちとともに箱舟から出なさい。（中略）」そこでノアは、息子たち、彼の妻、息子たちの妻たちとともに外に出た。（創世記8：15―18抜粋）

さすがノア！　よくぞ神のことばを待ちました。筆者なら、地が乾いてきたらからだがうずうずして浮かれて、外に飛び出してしまいそうです。

（3）　家族と動物たちと

最後に、大洪水の記事の中での神のまなざしに注目しましょう。「あなたとあなたの全家族は、箱舟にはいりなさい。」（創世記7：1）ということばです。神はノアのみならず、ノアとその家族とを大洪水のさばきから救い出そうとなさいました。神は、信仰者の家族を大事にしてくださるのです。ソドムからロトを救い出そうとするときにも、神はロトのみならず彼の家族を救出しようとされました。「主イエスを信じなさい。そうすれば、あなたもあなたの家族も……」というピリピの獄屋に響いた使徒の声を思い出します（使徒16：31）。

神が目を注がれるのは、人間だけではありません。神は動物たちにも目を留められました。神の選んだ動物はノアが集めるまでもなく、自分で箱舟のところにやって来ました（創世記6：20）。神がその動物たちを選んだのです。神は人間だけの神ではありません。ほかの被造物もまた神の作品であり、神の愛の対象なのです。今日、人間は傲慢になりすぎているようです。私たちと自然環境とは切っても切ることのできない関係です。クリスチャンは、聖書的観点からエコロジーを重んじるべきでしょう。

神は、ノアと、彼とともに箱舟の中にいた、すべての獣およびすべての家畜を覚えておられた。（創世記8：1）

23　再出発——食物と国家

（1）保持の契約

大洪水が去って、ついにノアと家族と動物たちが箱舟から出ました。一年と十日ぶりに見渡す世界は、荒涼としています。聖なる裁きが行なわれ、神に敵対する罪深い世界が文字通り一掃されてしまったことを思えば、粛然とした思いにさせられたノアと家族でした。

しかし、新世界にはすでに生命が息吹き始めており、あちこちに緑が見えます。鳩がオリーブの若葉を運んできたのですから。ノアは、自分たちを滅びから救ってくださった神の恵みに感謝し、かつ、これからの自分たちの歩みを神にすべておゆだねする献身の思いをもって、祭壇にいけにえをささげます。それは、神にわが一切をささげますという意味をこめて、すべてを煙にして、天に立ち上らせてしまう全焼のいけにえでした。

主はそのなだめの香りをかがれて、おっしゃいました。

主は、その芳ばしい香りをかがれた。そして、心の中で主はこう言われた。「わたしは、決して再び人のゆえに、大地にのろいをもたらしはしない。人の心が思い図ることは、幼いときから悪であるからだ。わたしは、再び、わたしがしたように、生き物すべてを打ち滅ぼすことは決してしない。この地が続くかぎり、種蒔きと刈り入れ、寒さと暑さ、夏と冬、昼と夜がやむことはない。」（創世記8：21、22）

すなわち、神は今後地球の自転と公転とを確実に維持して、春夏秋冬をただしく巡らせ、生き物たちの環境を保持してくださるとお約束くださったのです。そこで、神がノアと結ばれた契約を「保持の契約」と呼ぶことがあります。

（2）食物の定めの変更

神はおっしゃいました。「生めよ。増えよ。地に満ちよ。」（創世記1：28）創造のとき、最初の人にお与えになったのと同じことばです。人類の歴史を、さあもう一度ゼロからやり直しなさいと神はノアにお命じになったのです。

人類が新たな歴史を刻むために、神はここで二つのことをお定めになりました。第一は食物の定めの変更。つまり肉食の許容です。もともと人間と動物たちに許されていた食べ物は、堕落前には穀物菜食でした（創世記1：29、30）。けれども、おそらく大洪水で自然環境が激変したことが理由で、肉食なしには十分に栄養を補給することが困難な状況になったので、神は肉食を許されました。「生きて動いているものはみな、あなたがたの食物となる。緑の草と同じように、そのすべてのものを、今あなたがたに与える。」（創世記9：3）

創造科学の立場の人々は、大洪水以前、地球は「大空の上の水」と呼ばれるなんらかの様態の分厚い水の層によって覆われていたために、地表は有害な宇宙線から保護されていたことと、その「上の水」ゆえに地表は酸素分圧が高かったこととが生物の生育によい環境だったのではないかという仮説を提供しています。そして「大空の上の水」は大洪水で地表に降り注いだので地球環境は激変したというのです。

たしかに、人類の平均寿命ひとつ取ってみても、大洪水前はおよそ900年ほどであったと創世記5章は告げていますが、大洪水後のセムの系図を見ると、それが見る見る短くなっていったことがわかります（創世記11:10–32）。あるいは、地層の中に残されている体長何十メートルもの巨体を持つ動物たちは、現在の地球環境では到底生き延びることができないでしょう。また、今日では亜熱帯性の海にしか生息できないサンゴの化石が北極圏で発見されているという報告もあります。こういう報告を見ると、やはり大洪水の前後で地表の自然環境の激変があったことは確かです。もはや穀物菜食だけでは、十分に栄養を摂取することがむずかしくなって、神は肉食を許容されたと解釈できるでしょう。

（3）剣の権能の制定

人類の歴史形成の再出発にあたって、神は第二に、剣の権能を制定されました。それは、悪を抑制するために公的機関に司法権・警察権をお与えになったということです。「わたしは、あなたがたのいのちのためには、あなたがたの血の価を要求する。いかなる獣にも、それを要求する。また人にも、兄弟である者にも、人のいのちを要求する。人の血を流す者は、人によって血を流される。神は人を神のかたちとして造ったからである。」（創世記9:5、6）国家は武器による強制力すなわち「剣の権能」を託されています。ノアの洪水以前、人の心が常に悪に傾き世の中が道徳的に腐敗したので、神は世を滅ぼしてしまわれました。ですが、大洪水後、再び罪人に満ちている世が堕落し混乱し尽くしてしまわないための措置として、この世に武器による強制力を備えた司法権を託した国家という機関を設置することにされたのでしょう。

もし国家制度がなければ、この世はどういうことになるでしょうか。性善説に立つJ・J・ルソーは、『人間不平等起源論』で国家制度がないときに人間たちは自由で平等な理想的状態で暮らしていたと夢想しましたが、聖書的観点からいえば、現実はそうではありません。国家ができる前に、もうカインはアベルを殺したのです。むしろ核兵器で世界の国々が滅亡したあと出現するのは『北斗の拳』に見るような弱肉強食の世界なのです。実際、太平洋戦争が終わって間もないころ、爆撃で日本の各都市が破壊されて警察力が弱っていたときには、ヤクザが幅を利かせてやりたい放題をしました。

カインの子孫の乱暴者レメクの歌を覚えていますか。彼は二人の妻に対して、自慢げに歌いました。

アダとツィラよ、私の声を聞け。

レメクの妻たちよ、私の言うことに耳を傾けよ。
私は一人の男を、私が受ける傷のために殺す。
一人の子どもを、私が受ける打ち傷のために。
カインに七倍の復讐があるなら、
レメクには七十七倍。（創世記4：23、24）

無法の世界では力ある者は、一つの命を取られたら七十七もの命を奪い取ろうとします。そこで、神が摂理をもって立てる公権力は、一つの命には一つの命、目には目、歯には歯をもって償えと命じる公正の原則をもって裁くために立てられたのです。ですから、司法においては正義が行なわれなければなりません。裁判官がワイロを取るようになったら、その国は早晩滅びます。

24　契約（その1）

（1）虹――平和の契約のしるし

先日、雨上がりの空に大きな虹を見て、「神様は平和の契約を結んでくださったんだ」と感慨を抱きました。聖書を知る者の特権です。

「さらに神は仰せられた。『わたしとあなたがたとの間に、また、あなたがたとともにいるすべての生き物との間に、代々にわたり永遠にわたしが与えるその契約のしるしは、これである。わたしは雲の中に、わたしの虹を立てる。それが、わたしと地との間の契約のしるしである。』」（創世記9：12、13）

キーワードは「契約」です。神は、アダム、ノア、アブラハム、モーセ、ダビデと契約を結ばれ、これらはすべてキリストにあって成就します。

全被造物を相手に契約を結ばれたと言われていることがノア契約の特徴です。動物たちと1年余の旅をした直後のことですから、ノアは「人間と被造物は運命共同体だ」ということを深く認識していたでしょう。環境破壊のはなはだしい現代、特に注目すべきことでしょう。二〇一五年の環境白書によれば、日本における絶滅危惧種は3596種に上ります。世界を見ればたとえば南アフリカのケープペンギンの数は、20世紀初頭の実に3パーセント以下にまで激減しています。この状況から、私たちは人間自身も生きることが困難な環境になりつつあることに気付くべきです。

ところで、なぜ虹が平和の契約のしるしなのでしょうか。ヘブル語で虹とはケシェトといい、これは弓と同語です。英語で弓のことをボウと言い、虹のことをレインボウつまり「雨弓」というのと似ています。戦いが終わって、弓は横にして壁に架けられるというイメージなのです。空に架かる虹は、神が怒りを収めてくださった平和の契約のしるしです。

ところが、せっかく神が人間に対して平和をくださったのに、人間は欲にまみれた文明によって運命共同体である被造物を攻撃し続けています。古代メソポタミア文明以来の人類の歴史を見てわかることは、被造物を破壊してきたのは、経済第一主義と戦争です。「被造物も、切実な思いで神の子どもたちの現れを待ち望んでいるのです」（ローマ8：19）。今も私たちは、被造物に対する管理責任があります。「みこころの天に成るごとく、地にもなさせたまえ」と祈っている者として、私たちはその祈りにふさわしい生活をしたいものです。

(2) 創造の契約

「契約（ベリート）」という語が聖書に登場するのは、ノアの契約が最初ですが、契約自体は、創造の時が最初です。それは、神がアダムに「地を耕し守る」ことを趣旨として被造物の管理を任されたときに結ばれた創造の契約です。

あなたは、園のどの木からでも思いのまま食べてよい。しかし、善悪の知識の木からは食べてはならない。その木から食べるとき、あなたは必ず死ぬ（創世記2：16、17）

アダムは、契約のしるしである善悪の知識の木を見るたび、神の主権の前にへりくだり、地の相続人として神を畏れつつ被造物を管理すべきでした。そうすれば神はアダムと被造世界をさらなる栄光のうちに導かれたでしょうが、アダムはこの契約を破りました。それでアダムと人類は死を経験することになりました。以来、人は、最後の敵である死に対して恐怖をいだきながら生きることになります。そしてアダムの罪は子孫に受け継がれ、人類は罪にまみれて行き、ついにノアの時代に大洪水によって一度は滅ぼされてしまいました。

(3) 契約の主題「わたしはあなたの神となり、あなたはわたしの民となる」

さて、ノアの大洪水の後、ふたたび増えた人類はバベルの事件で世界に散らされ、諸国ができてきます。10章には「諸国民の表」と呼ばれるセム、ハム、ヤフェテから出てくる諸民族の系図があります。この後、神はアブラハム、モーセ、ダビデにそれぞれ契約を与えました。主は、アブラハムには「わたしは、あなたの神、あなたの後の子孫の神となる。」(創世記17:7)とおっしゃいました。モーセには「わたしはあなたがたを取ってわたしの民とし、わたしはあなたがたの神となる」(出エジプト記6:7)と語られました。ダビデには「わたしは彼の父となり、彼はわたしの子となる」（Ⅱサムエル記7：14）と約束されました。

三つの契約に一貫する主題があります。それは「わたしはあなたの神（父）となり、あなたはわたしの民（子）となる。」です。この主題が、少しずつ言い回しは変わっていますが、三つの契約に共通している内容です。

「わたしはあなたの神となり、あなたはわたしの民となる」という主題が意味していることは、本来、神の作品として造られた人間が、神に背を向けてみなしごのようになっている。そして、生きる力も生きる目的も生きる喜びも失っている。そこで、改めて神が、人間の神となってくださるのだ、神があなたとともにいるという状態に回復してくださるのだということです。インマヌエル（神われらとともにいます）ということです。

かつてのエデンの園とは、神が人とともにいてくださった場所でした。私たちがイエス・キリストを信じて救われたということは、〈神なき人生〉から、〈神とともにある人生〉に移されたということを意味します。また、将来わたしたちに用意されている御国とは、どういうところであるかといえば、神が私たちとともにいてくださる所なのです。


見よ、神の幕屋が人々とともにある。神は人々とともに住み、人々は神の民となる。神ご自身が彼らの神として、ともにおられる。神は彼らの目から涙をことごとくぬぐい取ってくださる。もはや死はなく、悲しみも、叫び声も、苦しみもない。以前のものが過ぎ去ったからである。（黙示録21：3、4）

25　契約（その2）

神は、最初アダムと創造の契約を結ばれましたが、人はこれを破ってしまい、死に脅かされながら生きるほかなくなりました。ひどく堕落した世界を神はいったん大洪水で滅ぼされましたが、その後ノアに対する平和の契約によって、今日までこの世界を保ってこられました。そして神は、アブラハム、モーセ、ダビデに契約をお与えになりました。その共通主題は「わたしはあなたの神となり、あなたはわたしの民となる」です。三つの契約にはそれぞれ特徴があって、王国時代に当面の成就を見ますが、キリストにあって真の成就を見ることになります。

（1）アブラハム契約

神がアブラハムに約束されたのは、彼の子孫が多くの国民となり、地を相続するということでした。それでアブラハム契約は〈相続の契約〉と呼ばれます。

あなたは多くの国民の父となる。（創世記17：4）

わたしは、……カナンの全土を、あなたとあなたの後のあなたの子孫に永遠の所有として与える。わたしは、彼らの神となる。（創世記17：8）

アブラハム契約は、当面、子孫イスラエルがエジプトからカナンの地に戻り、この地を相続することによって成就しますが、やがてイスラエルの不従順によって相続地は失われてしまいます。しかし、アブラハム契約はキリストにあって世界規模で成就します。つまり、キリストを信じる者は国籍を問わず信仰によるアブラハムの子孫となり、世界が相続地となるのです。これは、神がアダムに「地を従えよ」（創世記1：28）と命じられたことが実現するためです。

そのようなわけで、すべては信仰によるのです。それは、事が恵みによるようになるためです。こうして、約束がすべての子孫に、すなわち、律法を持つ人々だけでなく、アブラハムの信仰に倣う人々にも保証されるのです。アブラハムは、私たちすべての者の父です。（ローマ4：16）

全世界に福音と教会が拡がってきたのは、アブラハム契約の成就であり、それは地に神の御旨がなるためです。主が再臨されるとき、この約束の成就はさらに明らかになり完成されます。「柔和な者は幸いです。その人たちは地を受け継ぐからです。」（マタイ5：5）

（2）シナイ契約

神はモーセに〈律法と幕屋の契約〉を与えました。シナイ契約です。幕屋とは神がその民の中に住んでくださることのシンボルです。では、律法とはなにか。律法とは人が神とともに生きるための基準です。ところが、イスラエルは律法を破り、紀元前6世紀には滅びてしまいます。その時代、神は預言者エレミヤを通して、新しい契約についての予告をお与えになりました。

見よ、その時代が来る――主のことば――。そのとき、わたしはイスラエルの家およびユダの家と、新しい契約を結ぶ。その契約は、わたしが彼らの先祖の手を取って、エジプトの地から導き出した日に、彼らと結んだ契約のようではない。わたしは彼らの主であったのに、彼らはわたしの契約を破った――主のことば――。これらの日の後に、わたしがイスラエルの家と結ぶ契約はこうである――主のことば――。わたしは、わたしの律法を彼らのただ中に置き、彼らの心にこれを書き記す。わたしは彼らの神となり、彼らはわたしの民となる。彼らはもはや、それぞれ隣人に、あるいはそれぞれ兄弟に、「主を知れ」と言って教えることはない。彼らがみな、身分の低い者から高い者まで、わたしを知るようになるからだ――主のことば――。わたしが彼らの不義を赦し、もはや彼らの罪を思い起こさないからだ。（エレミヤ書31：31－34）

わたしは彼らに一つの心を与え、あなたがたのうちに新しい霊を与える。わたしは彼らのからだから石の心を取り除き、彼らに肉の心を与える。こうして、彼らはわたしの掟

に従って歩み、わたしの定めを守り行う。彼らはわたしの民となり、わたしは彼らの神となる。（エゼキエル書11：19、20）

新しい契約のポイントは、旧約時代には石の板に刻まれていた律法を、「心」の板「肉の心」に刻んでくださるということです。この契約はキリストの受肉と聖霊の注ぎによって成就します。キリストは「人となって、私たちの間に住まわれた」（ヨハネ1：14）とありますが、この「住まう」と訳されたことば「スケノオー」は「幕屋をはる」と訳されることばです。幕屋はギリシャ語で「スケーネー」と言います。荒野でモーセが幕屋を完成したとき、栄光の雲が幕屋に満ちて、神の臨在が現れたように（出エジプト記40：33、34）、キリストは人となって地上に幕屋を張ってくださいました。そして神は、律法を石の板ではなく、聖霊によって人の心の板に刻むことによってシナイ契約を成就してくださいます。

あなたがたが、私たちの奉仕の結果としてのキリストの手紙であることは、明らかです。それは、墨によってではなく生ける神の御霊によって、石の板にではなく人の心の板に書き記されたものです。（Ⅱコリント3：3）

聖霊によって心の板に律法を刻まれると、かつて偶像崇拝を善行だと思っていた人は、創造主のみを礼拝すべきだと願うようになり、今まで金銭が一番大事だと思っていた人は、神を愛し、隣人を愛することを望むように変えられます。モーセに約束された契約は、イエス・キリストが受肉し聖霊を注ぐことによって成就されたのです。

(3) ダビデ契約

およそ紀元前1000年、神はダビデ王に契約をお与えになります。ダビデが神殿建設を志したときのことです。

あなたの日数が満ち、あなたが先祖とともに眠りにつくとき、わたしは、あなたの身から出る世継ぎの子をあなたの後に起こし、彼の王国を確立させる。彼はわたしの名のために一つの家を建て、わたしは彼の王国の王座をとこしえまでも堅く立てる。わたしは彼の父となり、彼はわたしの子となる。彼が不義を行ったときは、わたしは人の杖、人

の子のむちをもって彼を懲らしめる。（Ⅱサムエル記7：12―14）

約束の内容は、〈ダビデの子孫が王国を確立し、その王が神殿を建てるということ〉です。主の約束はダビデの子ソロモンが神殿を築いて当面成就されますが、ソロモンの死後、王国は南北に分裂して王国は滅びます。アブラハム契約、シナイ契約と同じように、それは当面イスラエル民族という狭い枠のなかで一応成就したかに見えるのですが、結局、人間の罪ゆえに破綻してしまいます。

しかし、このダビデ契約はキリストにあって、真の成就を見ることになります。ダビデの王座は地上から天上に移されました。すなわち、キリストは死んで三日目によみがえり、昇天して父なる神の右に着座されました。そして、ペンテコステに神の民に聖霊を注いで、神殿としての教会を築かれたのです。聖霊が注がれたペンテコステの日、使徒ペテロはダビデの詩篇を引用しつつ、今目の前に起こった出来事はダビデへの約束の成就であると語ります。

ダビデは、この方について次のように言っています。

「私はいつも、主を前にしています。

主が私の右におられるので、
私は揺るがされることはありません。
それゆえ、私の心は喜び、
私の舌は喜びにあふれます。
私の身も、望みの中に住まいます。
あなたは、私のたましいをよみに捨て置かず、
あなたにある敬虔な者に
滅びをお見せにならないからです。
あなたは私に、
いのちの道を知らせてくださいます。
あなたの御前で、
私を喜びで満たしてくださいます。』
兄弟たち。父祖ダビデについては、あなたがたに確信をもって言うことができます。彼は死んで葬られ、その墓は今日に至るまで私たちの間にあります。彼は預言者でしたから、自分の子孫の一人を自分の王座に就かせると、神が誓われたことを知っていました。

それで、後のことを予見し、キリストの復活について、『彼はよみに捨て置かれず、そのからだは朽ちて滅びることがない』と語ったのです。このイエスを、神はよみがえらせました。私たちはみな、そのことの証人です。ですから、神の右に上げられたイエスが、約束された聖霊を御父から受けて、今あなたがたが目にし、耳にしている聖霊を注いでくださったのです。（使徒2：25—33、エペソ4：8—16も参照）

聖霊が注がれ、あらゆる民族国語を超えた新約の神の家が建てられたのです。「あなたがたも、このキリストにあって、ともに築き上げられ、御霊によって神の御住まいとなるのです。」（エペソ2：22）

キリストの王国である教会は、世の終わりまで続き、世の終わりに完成します。主イエスのご在世当時栄えたローマ帝国をはじめ、その後もいくつもの国が栄えては滅びてきましたが、キリストの王国である教会は二千年にわたって世界中に広がってきました。そして、再臨まで永続し完成します。

（4）キリストによる契約の最終的成就

以上のように、創造の契約に始まり、ノアの平和の契約によって保たれている世界で、アブラハムの相続の契約、モーセの律法と幕屋の契約、ダビデの王国の契約は、キリストによって成就しました。つまり、キリストが受肉し、十字架の死と復活によって贖罪をなしとげ、天の王座に着座し、天から聖霊を注いで世界に広がる神の御住まいである教会を建設されることによってすでに原理的には成就したのです。しかし、主の御国はいまだ完成したわけではありません。完成するのは、主が再び戻られて新しい天と新しい地が造られるときです。完成の日、あの契約の主題が高らかに叫ばれます。

私はまた、大きな声が御座から出て、こう言うのを聞いた。「見よ、神の幕屋が人々とともにある。神は人々とともに住み、人々は神の民となる。神ご自身が彼らの神として、ともにおられる。」（黙示録21：3）

26 権威と服従

大洪水で洗われ荒涼とした大地を見回して、ノアは「私たちは食べていけるのだろうか」とふと不安を抱いたかもしれません。ですが、「いや、ここまで生かしてくださった主が、私たちを飢えさせるようなことは決してなさらない」と信仰を奮い立たせました。主はそんなノアに対して、肉食に関する許可をお与えになります。「生きて動いているものはみな、あなたがたの食物となる。緑の草と同じように、そのすべてのものを、今あなたがたに与える。」（創世記9：3）

そして、ノアとその家族は地を拓いて畑を作りました。やがて季節が訪れると畑では多くの作物が実をならせました。それは、「この地の続くかぎり、種蒔きと刈り入れ、寒さと暑さ、夏と冬、昼と夜がやむことはない。」（同8：22）と約束された主のご真実のゆえです。

（1）服従の質が試される

さて、ノアはぶどう畑を作りました。季節になると、畑には甘い香りがあたり一面にただよっています。八人家族では、食べ切れるものではありません。そこでノアは、干しぶどうにしたり、搾ってジュースにします。皮袋の中のぶどう汁は何日も置けば自然発酵して、アルコール度数の低いぶどう酒になってしまいます。

主から大洪水の予告を受けて、不敬虔な人々の嘲りの中で箱舟建造を続けた日々、いよいよ大洪水となって箱舟内で動物たちの世話をし続けた極度の緊張と労働の日々、箱舟から出て後、食料を得るために開墾をして日夜働き続けた日々の後、さすがのノアも気が緩んだのでしょう。ぶどう酒に泥酔して、素っ裸で天幕の中で寝入ってしまったのです（創世記9：21参照）。このときカナンの父ハムが、「父の裸を見て、外にいた二人の兄弟に告げた」とあります（同9：22）。いつも神を畏れて敬虔で威厳に満ちている父親が、泥酔してあられもない姿をさらしているのを見たとき、末息子ハムは、父親をあなどり、嘲りの対象としたのでした。ハムは、「おい。セム、ヤフェテ。おやじが酒を食らってみっともない格好して眠っているぜ。神のしもべがいいざまだ。」とでも言ったのでしょうか。

これを知ったセムとヤフェテはどうしたでしょう。彼らはハムといっしょになって父親を嘲るのではなく、むしろ心痛めました。心痛めて、神のしもべである父の恥を覆うために、着物を着せ掛けたのでした（同9：23）。

神の立てた権威者が、その権威にふさわしく立派に振舞っているときに、彼を敬い従うことはたやすいことです。しかし、権威者が権威にふさわしくないみっともない姿をさらしてしまったときに、その権威の下にある人々の服従の質が問われます。神が立てた権威であるゆえに、神を畏れて権威者を敬っていたのか、それとも、ただ単に偉い人だから、叱られるのが恐ろしいから、あるいは保身のためにというような理由でその権威者に従っていたのかがテストされるのです。神を畏れていたセムとヤフェテは、その信仰のゆえに、神が彼らの上に立てた父ノアを敬っていましたが、ハムはただ単に人間的な思いで父ノアを敬っていたにすぎなかったことが判明してしまいました。

やがて、ノアは酔いからさめ、末息子ハムが自分にしたことと、セムとヤフェテが自分にしたことを知り、セムとヤフェテを祝福し、ハムの息子カナンをのろいました（同9：25）。このとき、なぜハム自身でなくカナンが呪われたのか理由は定かではありません。おそらくノアを侮辱したこの事件にはカナンが絡んでいたのではないかと思われます。

ノアの体たらくのせいでハムとカナンが罪を犯したのですから、人間的な見方をすればノアはひどいなあと感じますが、ノアは、この時、預言者として神からことばを語ったのです。

（2）権威と服従

後年、これと類似した事件が、モーセに授けられた権威をめぐって起こっています。女預言者ミリアムはモーセが弟のくせに民の指導者として振舞っていることが気に食わなかったのでした。そこで兄弟アロンも誘って、クシュ人の女を妻としていることに関してモーセを非難し、さらに言いました。「主はただモーセとだけ話されたのか。われわれとも話されたのではないか。」（民数記12：2）主はお怒りになりました。「なぜ、あなたがたは、わたしのしもべ、モーセを恐れず、非難するのか」（同12：8）と主はおっしゃって、ミリアムを打ちました。ミリアムはツァラアトに犯されて七日間宿営の外に締め出されます。

モーセはもう一度この種の反逆を経験しています。コラの反乱です。「彼らはモーセとアロンに逆らって結集し、二人に言った。『あなたがたは分を超えている。全会衆残らず聖なる者であって、主がそのうちにおられるのに、なぜ、あなたがたは主の集会の上に立つのか。』」（民数記16：3）コラたちの言ったことは、一見、もっともなことに聞こえます。しかし、それは神のみこころに反したことでした。そして、神はただちにコラ！　と彼らを裁いて、地を割ってこの反逆者たちを呑み込ませてしまいました。神は忍耐強いお方で、民の犯す個々の罪については、何度も何十度もこらえてくださいますが、この種の、神が立てた権威を侮る反逆に対してはたいへんすみやかにさばきを下されることに気が付きます。それは、神の民を家にたとえると、個々の罪を犯すことは窓ガラスを割ったり壁に落書きしたりすることにあたりますが、権威を侮ることは柱を斧で切り倒すことに等しいからであろうと思います。

神はご自分の民を導くにあたって、ある人に権威を授け、その権威の下に置かれた人々には権威を敬うことをお求めになります。「あなたがたの指導者たちの言うことを聞き、また服従しなさい。この人たちは神に申し開きをする者として、あなたがたのたましいのために見張りをしているのです。ですから、この人たちが喜んでそのことをし、嘆きながらすることにならないようにしなさい。そうでないと、あなたがたの益にはならないからです。」（ヘブル13：17）あなたの上に立てられた権威者は必ずしも常に立派ではないかもしれませんし、あやまちを犯すかもしれません。その時、権威の下にある人の服従の質が試されます。つまり、権威ある人がただ立派だったから、その人を敬って従ってきただけなのか、それとも、その権威者を立てた神を畏れているので、従ってきたのかが量られるわけです。セムとヤフェテは神を畏れて父を敬ってきたことを証明して祝福を受け、ハムはただ単に人間的な理由だけで父にしたがってきたことをその行動で証明して呪いを受けてしまいました。

もうひとつ類似のことをあげると、サウル王のもとにいたときのダビデです。サウル王は民がダビデをほめそやすのを聞いて、彼に嫉妬して、殺害しようとしました。ダビデが命からがら逃げ出して部下たちとともに洞穴の奥に身を隠していましたら、ダビデを追跡してきたサウル王は、それを知らずこの洞穴に用を足しに来ました。悪臭が洞窟に充満するなかで、部下たちは鼻をつまみながら、鼻声でダビデにささやきました。「今こそ、主があなたに、『見よ。わたしはあなたの敵をあなたの手に渡す。彼をあなたのよいと思うようにせよ』と言われた、その時です。」そこでダビデは立ち上がり、サウルの上着のすそを、こっそり切り取ったのですが、ダビデは、このことについてさえ心を痛めました。そして、部下に言いました。「私が、主に逆らって、主に油そそがれた方、私の主君に対して、そのようなことをして、手を下すなど、絶対にありえないことだ。彼は主に油注がれた方なのだから。」（Ⅰサムエル記24：1―7参照）このように振舞ったダビデを、主が祝福されたのはご存知のとおりです。ダビデは主を畏れて、主の立てた王を討つことを避けたのでした。

他方、神は、ご自分が権威を授けた人に対して、神に対して忠実であることと、託された民を支配するようにではなく、自ら模範となって導くことを求めておられます。

あなたがたのうちにいる、神の羊の群れを牧しなさい。強制されてではなく、神に従って自発的に、また卑しい利得を求めてではなく、心を込めて世話をしなさい。割り当てられている人たちを支配するのではなく、むしろ群れの模範となりなさい。

（Ⅰペテロ５：２、３）

また、誰が一番偉いのかと議論している弟子たちに対して、主イエスはこう戒められました。「あなたがたも知っているとおり、異邦人の支配者と認められている者たちは、人々に対して横柄にふるまい、偉い人たちは人々の上に権力をふるっています。しかし、あなたがたの間では、そうであってはなりません。あなたがたの間で偉くなりたいと思う者は、皆に仕える者になりなさい。あなたがたの間で先頭に立ちたいと思う者は、皆のしもべになりなさい。人の子も、仕えられるためではなく仕えるために、また多くの人のための贖いの代価として、自分のいのちを与えるために来たのです。」（マルコ10：42―45）神から人々を導く権威を授かった人は、謙遜に、自分のいのちを与える覚悟をもって、人々を導かねばなりません。

私たちはそれぞれ置かれた場で、家庭の中で、教会の中で、社会の中で神が立てられた権威を認識することが必要です。神は夫に妻に対する権威を授け、親には子に対する権威を授け、教会の指導者には信徒に対する権威を授けておられます。もしも自分が誰かに対する権威を授かっていると自覚しているならば、神を畏れ自分に託された人々に仕える心をもって導くべきです。権威の下にある者は、神を畏れて権威ある人に従うべきです。これが祝福ある人生の秘訣のひとつです。

「あなたの父と母を敬え。」これは約束を伴う第一の戒めです。「そうすれば、あなたは幸せになり、その土地であなたの日々は長く続く」という約束です。（エペソ6：2、3）

27 バベル

創世記10章はノアの子セム、ハム、ヤフェテから出た諸民族の表です。次の11章バベルの事件は、民族がそのように分かれたことの原因譚であると理解されます。

(1) 権力者の出現

悪を滅ぼすための大洪水が終わり、人類が再出発しようとするとき、神は悪を抑制し社会秩序を保つために剣を持つ権威をお立てになりました。「人の血を流す者は、人によって、血を流される。」（創世記9：6）誰も暴力を振るわないならば、警察がピストルを持つ必要はありません。誰もスピード違反しないなら、制限速度標識だけあれば十分です。しかし、残念ながら罪の現実ゆえに、法律と武器と刑務所という「暴力装置」をもつ権力者がいなければ、この世は治まらないのが現実であると聖書は告げています。

最初の権力者はハムの子孫ニムロデであったと聖書は告げています。彼は「主の前に力ある狩人であった」（創世記10：9）とあります。古代エジプトの壁画にも見られることですが、古代の王は恐ろしい野獣を仕留める偉大な英雄として称えられるばあいがあったようです。日本武尊《やまとたけるのみこと》がヤマタノオロチを退治したみたいな話です。「ニムロデは地上で最初の権力者となった。」（創世記10：8、新改訳第三版）ニムロデにその自覚があったかどうかわかりませんが、彼は神のしもべとして、悪を行う人には剣をもって報いて社会秩序を維持するために用いられたわけです。

彼はあなたに益を与えるための、神のしもべなのです。しかし、もしあなたが悪を行うなら、恐れなければなりません。彼は無意味に剣を帯びてはいないからです。彼は神のしもべであって、悪を行う人には怒りをもって報います。ですから、怒りが恐ろしいからだけでなく、良心のためにも従うべきです。同じ理由で、あなたがたは税金も納めるのです。彼らは神の公僕であり、その務めに専念しているのです。」（ローマ13：4―6）

(2) 箱物行政の始まり

ところが、権力者はしばしば高ぶって、神の裁きを受けるものです。ニムロデの王国は、「バベル、ウレク、アッカド、カルネであって、シンアルの地に」ありました（創世記10：9、10）。このシンアルの地こそバベルの塔が建てられた地でした。

「さて、全地は一つの話しことば、一つの共通のことばであった。人々が東の方へ移動したとき、彼らはシンアルの地に平地を見つけて、そこに住」みました（創世記11：1、2）。人々が移住してきたのは、東方が住みづらかったからでしょう。彼らは、チグリス、ユーフラテスの両大河に潤される地を見つけて住みつくと、石材の乏しいこの地にレンガで町を築き、やがて大建造物をも築く技術を得ることになります。

ところが、そのうち人々は言うようになります。「さあ、われわれは自分たちのために、町と、頂が天に届く塔を建てて、名をあげよう。われわれが地の全面に散らされるといけないから。」（創世記11：4）塔建設の目的は、自分らの名を上げることでした。バベルの塔はニムロデの権力のシンボルでした。「箱物行政」ということばがあるように、古来、権力者は巨大建築を好みます。なぜか。自分の名を後世にまで鳴り響かせるためにです。巨大ピラミッドのゆえに私たちはクフ王という名を知っており、ヘロデ神殿といえばヘロデ大王、東大寺といえば聖武天皇、大阪城といえば秀吉、「バブルの塔」と揶揄された新宿都庁ビルといえば、当時の都知事の名を思い起こすわけです。

(3) バベルからバビロンへ

バベルの出来事が、私たちに教えるもう一つのことは、都市の神格化です。カインが神に背を向けてエデンの東に町を築いて以来、えてして都市は神になり代わる偶像

『バベルの塔』ブリューゲル、1563年

的存在です。都市は人工物に満ちているので、その住民は、創造主の世話にならなくても、自力ですべてのものを造り出して生きることができるという錯覚に陥りがちです。高層ビル群、道路網、行き交う車、地下鉄、パソコンなどすべてが便利な人工物であり、ショッピング街、酒場、劇場、ギャンブル施設などが提供する快楽も人工の快楽です。

バベルで言語が分けられて人類の分裂が起きて後、人類の歴史は民族と民族、国と国との数え切れないほどの争いの連続です。その歴史のなかで多くの都市が誕生し、そして、それらの都市はことごとく戦乱や災害で滅びてきました。田園を爆撃する者はいません。軍事的目標は常に都市です。都市には権力と欲望が集中しているからです。また、ソドムやゴモラもまずメソポタミアの都市国家連合によって攻撃を受け（創世記14章参照）、それでも悔い改めないでいたところ、天から注ぐ硫黄の火によって滅ぼしつくされてしまいました（創世記18、19章）。人類史のなかで有名な類似の出来事は、ベスビオス火山の大噴火によって一日で滅亡したポンペイの町があります。ポンペイはソドムと同じような甚だしい性道徳の混乱の町として有名でした。

本来、神の都であったはずのエルサレムでさえ王国時代末期には偶像の都と堕してしまって、ついに紀元前五八六年、ネブカデネザル王に滅ぼされます。しかし、ネブカデネザルもまた、バベルにちなんでバビロンの都を築いた権力者であり、バビロンは後に滅亡することになります。

新約聖書を見れば、ペテロの手紙ではバビロンという名はローマ帝国の首都ローマを指す隠語として用いられています（Ｉペテロ５：13）。しかし、繁栄を極める都ローマに身を置いたペテロは「人はみな草のようで、その栄えはみな草の花ようだ。草はしおれ、花は散る。しかし、主のことばは、永遠に立つ」（Ｉペテロ１：24、25）とイザヤの預言を引用しつつ、都ローマの衰滅を予告するのです。

ヨハネ黙示録では、バビロンという古代都市の名は神に反逆し、ついには聖なる審判を受けて滅びる終末の都市ないし都市文明を象徴する名として用いられていきます。

倒れた。大バビロンは倒れた。それは、悪霊の住みか、あらゆる汚れた霊の巣窟、あらゆる汚れた鳥の巣窟、あらゆる汚れた憎むべき獣の巣窟となった。すべての国々の民は、御怒りを招く彼女の淫行のぶどう酒を飲み、地の王たちは彼女と淫らなことを行い、地の商人たちは、彼女の過度のぜいたくによって富を得たからだ。（黙示録18：２、３）

(4) アブラハムと世界の救い主の約束

言語は、創世記第十一章のバベルの事件で分けられましたが、諸部族が住む地域が分かれることによって、さらに分化して行って、現代世界に存在する言語は千数百とも数千とも言われています。民族と民族の争いはあの日から絶えたことがありません。

けれども、バベルの塔の事件が記されたすぐあと、創世記十一章の末尾にセムの子孫の中にアブラム(後のアブラハム)の名が現われることに注目しましょう。神は、世界にひろがる諸民族の中から、アブラムを選んで、彼を信仰の父とし、彼の子孫の中から世界の諸民族の救い主キリストを登場させるという約束をお与えになるのです。主はアブラムに仰せられました。

あなたは、あなたの土地、
あなたの親族、あなたの父の家を離れて、
わたしが示す地へ行きなさい。

そうすれば、わたしはあなたを大いなる国民とし、
あなたを祝福し、
あなたの名を大いなるものとする。
あなたは祝福となりなさい。
わたしは、あなたを祝福する者を祝福し、
あなたを呪う者をのろう。
地のすべての部族は、
あなたによって祝福される。（創世記12：1—3）

バベルで分けられてしまった人類は、アブラハムの子孫として到来するキリストにあって一つにされて世界の相続人となるのです。「ユダヤ人もギリシア人もなく、奴隷も自由人もなく、男と女もありません。あなたがたはみな、キリスト・イエスにあって一つだからです。あなたがたがキリストのものであれば、アブラハムの子孫であり、約束による相続人なのです。」（ガラテヤ3：28、29）

そして、ついに終わりの日には、滅ぼされたエルサレムまでも贖われて、花婿キリストの

ために聖い花嫁のように整えられて天から下ってきます（黙示録21：2参照）。そして神の民は新しくされた地を治めることになります。

マラナ・タ！

あとがきに代えて——読者にお勧めしたい本いくつか

一読されればおわかりのように、本書執筆にあたって多くの書物が役立っています。ここに読者にお奨めしたい本を少しだけ紹介して、あとがきに代えたいと思います。

近代の聖書解釈の傾向は、啓蒙主義思想の影響を受けて、聖書を一冊の神の啓示の書としてでなく、他の古文書と同じように、多くの人間の記者による別々の古文書として読もうとするものです。たしかに神は、記者たちの学識・性格・文化・歴史的状況などすべてを有機的にもちいて各巻を記させましたから、それぞれの巻に個性があり、それを読みとることも大切なことです。けれども、それだけに偏すると彼らを用いて聖書全体を成立させたお方のご計画の全貌を読み取ることができなくなります。

神のご計画の全貌の把握の仕方には、論理的順序による方法と、歴史的順序による方法があるとし、前者を組織神学と呼び、後者をによる聖書神学と呼んだのは、ゲルハルダス・

ヴォス（1862-1949）です。キリスト教史上最初にこの聖書神学的方法で神のご計画の全貌を表現したのは、教父エイレナイオス（130頃-202）の『使徒たちの使信の説明』（『中世思想原典集成1　初期ギリシア教父』平凡社1995年所収）でしょう。エイレナイオスの特徴は、抽象的議論に走らず、神のご計画全体に視野を広く持ちつつ、目の前の聖書箇所を正確に解釈しようと努めた点にあります。「原典集成」の中の小さな書物なのですが、多くの方に読んでいただきたいと思うものです。

こうした歴史的順序による神のご計画の全貌の把握は、アウグスティヌスの『神の国』でも行なわれています。しかし、『神の国』二十二巻は大著であるゆえに実際にはどれほど読まれているのでしょうか。『神の国』執筆の目的の発端は、都ローマが蛮族に凌辱されたのは帝国が先祖の神々を捨ててキリスト教を国教としたせいだとする伝統主義者たちを論駁することであり、その議論に最初の十巻（岩波文庫版で一、二巻に所収）が費やされていて、この部分を読み通すことは苦痛です。けれども、第十一巻以降（岩波文庫版で三巻から五巻）は、示唆に富んだ聖書解釈の宝箱です。神への愛が「天の国」を作り、自己愛が「地の国」を作ったのであり、神の摂理はこの二つの国の絡み合いのうちに働いて、歴史は展開されていきます。特に第十三巻、第十四巻（岩波文庫版第三巻所収）の堕落論は白眉です。

現代に書かれた聖書神学の本でお奨めしたいのは、ロバートソン『契約があらわすキリスト』（清水武夫監修、高尾直知訳、ヨベル2018年）です。創造の契約・アダム堕落後最初の約束・ノア契約・アブラハム契約・シナイ契約・ダビデ契約が、キリストにあっていかに成就したのかということがわかりやすく説かれていて、本書を読まれたらきっと聖書全体が一つのからだとして鮮やかに見えて来るでしょう。

また、右に述べたG・ヴォスの *Biblical Theology* の邦訳がもし出版されるなら、日本のキリスト教界にとってどれほど有益だろうかと切望するものです。

二〇一九年　イースターを前にして

著者

水草修治（みずくさ・しゅうじ）

1958 年兵庫県神戸市生まれ。
筑波大学比較文化学類でパスカルを、東京都立大学大学院でアウグスティヌスを学ぶ。東京基督神学校卒。
日本同盟基督教団大泉聖書教会で 9 年間牧会の後、同教団小海キリスト教会を開拓し 22 年間牧会のかたわら 4 年間東京基督神学校で非常勤で教会史を講じた。現在、同教団苫小牧福音教会牧師・北海道聖書学院教師（組織神学担当）。

主著：『神を愛するための神学講座』（徳丸町キリスト教会 1991 年、いなもと印刷出版 1998 年）、『ニューエイジの罠』（CLC 出版、1995）
共著：『改憲へ向かう日本の危機と教会の闘い』（2014）、『原発は人類に何をもたらすのか』（以上いのちのことば社、2014）

YOBEL 新書 053

失われた歴史から──創造からバベルまで──

2019 年 4 月 25 日 初版発行

著　者 ── 水草修治

発行者 ── 安田正人

発行所 ── 株式会社ヨベル　YOBEL, Inc.

〒 113-0033 東京都文京区本郷 4-1-1　菊花ビル 5F
TEL03-3818-4851　FAX03-3818-4858
e-mail：info@yobel.co.jp

印刷 ── 中央精版印刷株式会社

配給元─日本キリスト教書販売株式会社（日キ販）
〒 162 - 0814　東京都新宿区新小川町 9 -1
振替 00130-3-60976　Tel 03-3260-5670

ISBN978-4-907486-91-4 C0216

【書評再録：本のひろば　２０１８年12月号】

神を愛し、聖書を愛する人の必読書！

O・パーマー・ロバートソン著　清水武夫監修／髙尾直知訳

契約があらわすキリスト――聖書契約論入門

評者：**水草修治**

「やっと出ますか！」本書の邦訳・出版の知らせを受けて、フェイスブックに思わず書いてしまいました。首を長くして待ちに待ってすでに三十数年。すでにキリンです。

東京基督神学校在学中に、清水武夫先生の契約神学の授業を受け、また、水曜夜の祈り会で創世記二章の緻密な講解を聞き続けて、自分も先生のように聖書を読めるようになりたいと思いました。先生の聖書講解を聞いていると、創世記一章から黙示録末尾まで一貫して流れる「恵みとまことの契約」という一本の大きな川と、数々の小川もその大川に流れ込むのが見えて見えきました。そして大川は私たちの救い主キリストという巨大な湖に流れ込んで見事に成就していくのです。一例を紹介しましょう。

神は、アブラハムに結んだ契約の通りに、エジプト脱出を果たした民に対して、ご自分が民の中に住んでくださるとおっしゃり、それを幕屋をもって表現してくださいました。「幕屋の入り口に垂れ幕を掛け、（中略）……こうしてモーセはその仕事を終えた。そのとき、雲が会見の天幕をおおい、主の栄光が幕屋に満ちた。」（出エジプト記40：28、33、34抜粋）この幕屋は影であり、本体はキリストです。「ことばは人となって、私たちの間に住まわれた。私たちはこの方の栄光を見た。父のみもとから来られたひとり子としての栄光である。この方は恵みとまことに満ちておられた。」（ヨハネ1：14）清水先生が、「『住まわれた』と訳されたギリシャ語は直訳すれば『幕屋を張った』なのです。」と指摘されたとき、私は鳥肌が立ちました。

しかも、会見の天幕の入口の垂れ幕に織り出されていたのは、あのケルビムです（出エジプト記26：31、33）。ケルビムはエデンの園の、いのちの木を守る御使いです（創世記3：24参照）。聖書がいう「いのち」とは神との交わりを意味します。堕落前、人は園

において神といのちの交わりがありましたが、堕落以来、罪あるままで神の顔を見る者は死ななければならなくなりました。人は神のもとにある永遠のいのちを希求しながら、罪ゆえに神に近づけないというジレンマに陥りました。しかし、人となって私たちの間に幕屋を張られた神の御子イエス・キリストが、十字架で私たちの罪の償いを完了されたとき、神は至聖所のケルビムが織り出された垂れ幕を破棄なさいました（マルコ15：38）。キリストを通して、私たちは神に近づくことができるようになったのです。

さらに神の幕屋が究極的完成を見るのは、主キリストが再臨し、地と天は跡形もなくなって（黙示録20：11）、最後の審判が完了して、新天新地が出現し、そこに主を出迎えに挙げられた聖徒たちとともに主が住まわれる新しいエルサレムが下りてくるときのことです（黙示21：1、2）。その時、御座から大きな声が響き渡ります。「見よ、神の幕屋が人々とともにある。神は人々とともに住み、人々は神の民となる。神ご自身が彼らの神として、ともにおられる。」（黙示録21：3）

神のご計画の全体像を鳥瞰しつつ、聖書の各部分があんなふうに緻密に読めたら、なんと素晴らしいだろう、と思いました。そこで私は先生が師事しておられたO・P・ロバートソンの *The Christ of the Covenants* を手に入れてむさぼるように読みました。目からウロコがぽろぽろ落ちて、本はアンダーラインだらけになってしまいました。あまりにうれしかったので、私を神学校に送ってくださった土浦めぐみ教会でも、半年ほどかけて、この本の内容紹介のクラスを持たせていただきました。その後も、いくつかの教会で、この本の内容を紹介させていただきましたが、その都度、何人もの方から「目を開かれた」という感想をうかがいました。

そんなわけで、私は神学生から必読書の紹介を求められるときには、かならず必読書リストの中に本書を挙げてきました。ただ、英書ですから、これまでは近づきがたい面がありましたが、このたび、日本語で読めるようになったのです。すばらしいことです。以上、聖書を説き明かす務めのある方たちはもちろん、すべての神を愛し聖書を愛する方たちに、本書をぜひにとお薦めする次第です。

（みずくさ・しゅうじ＝同盟基督苫小牧福音教会牧師・北海道聖書学院教師）

渡辺善太著作選　全14冊（予定）

ヨベル新書・256頁～360頁　本体各1,800円＋税

❶　偽善者を出す処 ―― 偽善者は教会の必然的現象 ――

304頁　ISBN978-4-946565-75-5 C0016

❷　現実教会の福音的認識

316頁　ISBN978-4-946565-76-2 C0016

❸　聖書論 ―― 聖書正典論　1/Ⅰ

288頁　ISBN978-4-946565-77-9 C0016

❹　聖書論 ―― 聖書正典論　2/Ⅰ

256頁　ISBN978-4-946565-78-6 C0016

⑤　聖書論 ―― 聖書解釈論　1/Ⅱ

⑥　聖書論 ―― 聖書解釈論　2/Ⅱ

⑦　聖書論 ―― 聖書解釈論　3/Ⅱ

⑧　聖書論 ―― 聖書神学論　1/Ⅲ

⑨　聖書論 ―― 聖書神学論　2/Ⅲ

⑩　聖書論 ―― 聖書学体系論　一試論、ほか

⓫　聖書的説教とは？

320頁　ISBN978-4-946565-80-9 C0016

⓬　説教集　わかって、わからないキリスト教

308頁　ISBN978-4-946565-79-3 C0016

⓭　説教集　人間――この失われたもの＊「銀座の一角から」を改題

360頁　ISBN978-4-907486-39-6 C0216

⓮　新約聖霊論　〈次回配本予定〉

予200頁

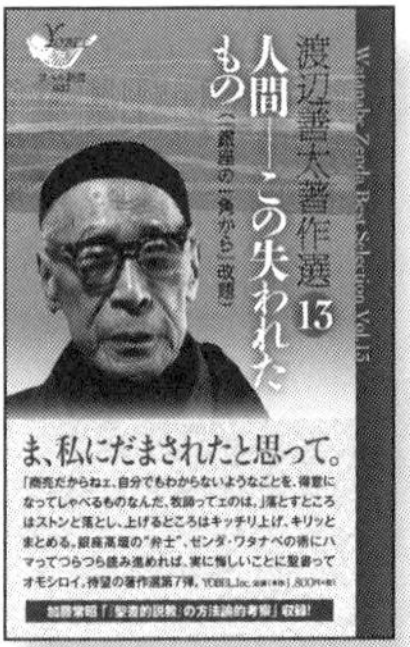